ZENÓN FRANCO

64
POSICIONES
DE
ENTRENAMIENTO

SELECTOR®
actualidad editorial

SELECTOR®
actualidad editorial

Doctor Erazo 120, Col. Doctores, C.P. 06720, México, D.F.
Tel. (01 55) 51 34 05 70 • Fax (01 55) 51 34 05 91
Lada sin costo: 01 800 821 72 80

Título: 64 POSICIONES DE ENTRENAMIENTO
Autor: Zenón Franco
Colección: Ajedrez

Diseño de portada: Socorro Ramírez Gutiérrez
Crédito de fotografía: iStockphoto

D.R. © Selector, S.A. de C.V., 2013
    Doctor Erazo 120, Col. Doctores,
    Del. Cuauhtémoc,
    C.P. 06720, México, D.F.

ISBN: 978-607-453-145-9

Primera edición: junio 2013

Sistema de clasificación Melvil Dewey

794.1
F116
2013

    Franco, Zenón
    64 posiciones de entrenamiento / Zenón Franco.–
    Ciudad de México, México: Selector, 2013.

    144 pp.

    ISBN: 978-607-453-145-9

    1. Didáctica. 2. Enseñanza de ajedrez.

Índice

Introducción

En el ajedrez hay que tomar decisiones en cada momento, que, en mayor o menor medida, condicionan los siguientes movimientos.

Se podría decir que es como la vida misma, muchos consideran que la lucha ante el tablero tiene diversos puntos en común con la que libramos diariamente.

Sin embargo, no siempre la posición es crítica, hay muchas situaciones en las que existen varias posibilidades equivalentes, y sólo en algunos momentos hay jugadas que son de mucho más valor que el resto.

Curiosamente, las jugadas malas o muy malas, sí existen en todas las posiciones.

Lo ideal es desarrollar la habilidad para poder descubrir cuándo se presentan esas posiciones donde el valor de cada jugada es muy alto, ¿cómo se logra?

No existe un plan infalible, pero es posible aumentar esa percepción, olfato o instinto para poder descubrirlas.

La idea de este libro es proponerle a usted 64 posiciones en donde el valor de cada jugada es muy importante. Veamos un ejemplo clarificador que no es elemental:

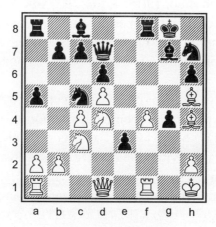

Juegan las blancas

Cuando hay desequilibrio de piezas o peones, casi siempre el tiempo corre a favor del que tiene ventaja material, y en cada jugada, tenemos una posición que puede ser crítica.

Aquí las negras tienen un peón de ventaja, que fue sacrificado por el rival, pero ahora lo que importa es ver si el sacrificio fue correcto o no, las negras están un poco incómodas por la posición de los alfiles de h4 y h5 que obstaculizan a la dama negra. ¿Cómo jugar?

El peón de g4 no puede ser atacado con 19.♖g1? por 19...♖xf4, por lo que hay que buscar otro objetivo, sin rehuir el juego complejo, pues, como sabemos, un camino tranquilo favorece al segundo jugador.

Es posible que a uno se le ocurra crear un punto fuerte en e6 para instalar el ♘d4 con 19.f5, pero claro que tiene un obstáculo en la posibilidad 19...♗xd4 seguido de 20... ♖xf5, ¿debemos abandonar ya la idea?

No, aún no, pues notamos que el rey negro queda debilitado y tras 21.♕xd4 la dama blanca pasa a tener una posición dominante, lo que puede ser significativo.

Antes de descartarla hay que seguir "buceando" en la posición y analizar la situación tras la captura 20... ♖xf5, por unas jugadas más.

La partida continuó: **19.f5! ♗xd4 20.♕xd4 ♖xf5.**

Las negras tienen dos peones de ventaja, pero se han abierto líneas, y la superioridad de fuerzas blancas en el flanco rey pasa a ser notable, claro que ello no basta, hay que justificarlo tácticamente.

Hay varias opciones, es posible recuperar uno de los peones con 21.♕xg4+, pero no es prometedor debido a 21...♘g5; más atractivo es 21.♗g6 ♖xf1+ 22.♖xf1, con la obvia amenaza 23.♖f7, las negras lo evitan con 23...♕g7! (esta jugada defensiva es clave en varias situaciones, pues defiende al monarca y neutraliza a la dama blanca, amenazando simplificar), no preocupa 23.♗xh7+?! ♔xh7! 24.♗f6 ♕f7! 25.♕xe3 ♗d7, y las negras terminan su desarrollo mientras que la clavada en la columna f impide que el ataque blanco progrese con rapidez. Sería mejor 23.♗f7+, y tras 23...♔h8 (no 23...♔f8?? por 24.♗e7+), 24.♕xe3 ♗d7, la posición no es clara.

¿Existe una posibilidad mejor?

21.♗xg4!

Esto es muy superior, la clave está en la jugada 23 blanca, la partida siguió. **21...♖xf1+ 22.♖xf1 ♕g7.** Claro que a **22...♕xg4** sigue 23.♖g1.

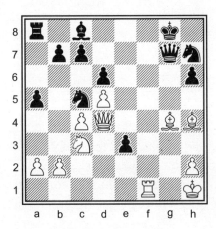

Las negras se defienden proponiendo el cambio de damas, además de amenazar 23... ♗xg4, con lo que una simplificación desfavorable parece inminente... ¿Qué llevó a las blancas a elegir esta continuación?

Posiblemente, en algún momento del análisis, haya notado que el rey negro sigue muy poco defendido, y las blancas lo pueden explotar con una sencilla pero hermosa combinación.

23.♖g1!!

Basado en que 23...♕xd4? lleva al mate tras 24.♗e6+ y 25.♖g8++

Al conservar las damas y la gran superioridad dinámica en el flanco rey, la partida queda virtualmente decidida, las blancas recuperan uno de los peones y el ataque es irresistible, la partida duró poco más.

23...♘g5 24.♕xe3 ♗xg4 25.♖xg4 ♔h7 26.♗xg5 ♖g8 27.♘e4 ♘xe4 28.♕xe4+ ♔h8 29.♗e3 1-0.

Franco - Romón, Zaragoza (3), 26.12.2010.

El libro está dividido en cinco capítulos:

1. Posiciones semicomplejas
2. ¡Al ataque!
3. Defensa y contraataque
4. El mundo de los finales
5. Posiciones complejas

Los títulos son suficientemente descriptivos sobre la clase de ejercicios que se presentan.

Cada posición tiene una breve introducción y al final la respuesta con variantes, una explicación verbal de lo sucedido, y algunos datos del contexto de la partida y/o de los maestros.

Se otorgan puntos por la solución correcta, no sólo de la primera jugada sino también de algunas jugadas clave que debió considerar.

Al final de cada capítulo hay una evaluación aproximada de su rendimiento en las posiciones críticas.

La mayoría de los problemas están basados en artículos previos de mi autoría, ya sea para la columna del periódico *ABC Color* de Asunción, Paraguay, o para la revista española *Jaque*, gran parte de las posiciones son de partidas de los últimos dos años.

Tiene ante sí 64 retos, si al final logra hallar una idea o una enseñanza que le pueda servir en el futuro, o conoce algunos datos históricos que ignoraba, el tiempo habrá estado bien aprovechado.

GM Zenón Franco
Ponteareas
Dedicado a Zulema y Zenón

Capítulo 1. Posiciones semicomplejas

En este primer capítulo su tarea será solucionar 10 problemas que en su mayoría posiblemente sean los menos difíciles del libro, pero pocos pueden considerarse sencillos.

Como se comentó en la introducción, en éste, y en todos los capítulos, si descubre las jugadas clave, obtendrá puntos que al final del capítulo podrá comparar con una tabla de puntuación y un cálculo del Elo aproximado con que "jugó" las partidas.

No basta "acertar" sólo la primera jugada, es importante que intente profundizar el máximo posible, pues en algunos ejercicios es posible ganar más puntos después de la primera jugada.

Las partidas están ordenadas por orden cronológico y no por orden de dificultad.

En la mayoría de las posiciones de éste y los otros capítulos, predomina el factor táctico, pero no en todas.

Posición núm. 1

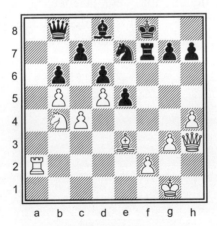

Juegan las blancas

Las blancas tienen gran ventaja espacial y piezas más activas. Hay que hacer "algo" para concretar esa superioridad. ¿Qué camino sugiere?

Posición núm. 2

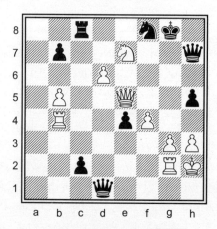

Juegan las negras

Esta atípica posición es del match de 1950 entre los dos vencedores del Torneo de Candidatos de Budapest 1950, de aquí saldría el primer desafiante de Botvinnik por el título mundial.

Las negras tienen una ventaja material abrumadora, y la victoria parece estar al alcance de la mano. Hay sólo dos jugadas legales, ¿cuál es la ganadora?

Posición núm. 3

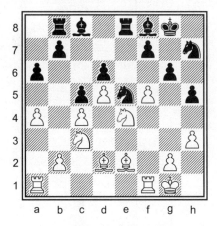

Juegan las blancas

Las piezas negras están muy pasivas, ¿basta el fuerte ♘e5 para sostener el juego? Demuestre que no.

Posición núm. 4

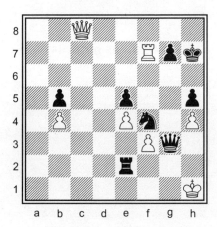

Juegan las blancas

"La estafa del siglo" así definió a esta partida la revista *Chess Review*, que se jugó en el Campeonato de Estados Unidos 1963-64, donde "Fischer ganó la exhibición, con 11 puntos sobre 11", según palabras de Larry Evans (Nueva York, 23 de marzo de 1932 - Reno, 15 de noviembre de 2010), y él ganó el torneo (salió 2º con 7½ puntos).

Las negras, conducidas por Samuel Reshevsky, a **48.h4**, respondieron capturando un peón sin importancia con **48...♕g5xg3??**, en vez de **48...♕g6!** ¿Cómo se consumó la "estafa"?

Posición núm. 5

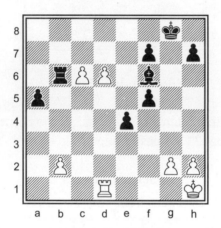

Juegan las blancas

Magnus Carlsen había sacrificado una pieza para lograr estos dos peones que, bien jugado, son imparables. ¿Cómo hay que avanzarlos?

Posición núm. 6

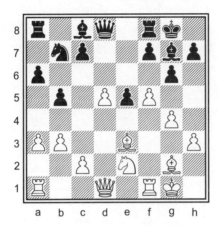

Juegan las blancas

La posición recuerda a una Benoni en la que las blancas han realizado, en condiciones excelentes, la entrega temática e5 y a ...dxe5, el avance f5.

Las diferencias con una Benoni típica resultan ventajosas para las blancas, en primer lugar no han entregado ningún peón, y las piezas negras están muy pasivas. ¿Cómo continuar?

Posición núm. 7

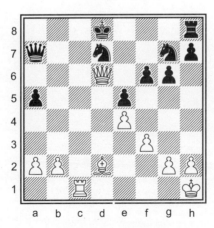

Juegan las blancas

Las negras tienen un caballo de ventaja, pero su rey está muy expuesto, y mal defendido, es algo temporal, por lo que las blancas deben ser rápidas y precisas antes de que las negras armonicen sus fuerzas. ¿Qué es lo más preciso?

Posición núm. 8

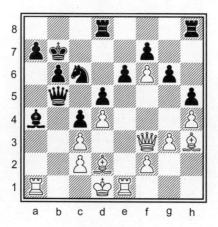

Juegan las negras

Hay una pieza blanca indefensa que incide decisivamente en esta posición. ¿De qué estamos hablando?

Posición núm. 9

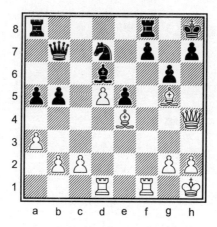

Juegan las blancas

Aquí también hay una pieza negra indefensa, lo que facilita la ofensiva blanca. Demuéstrelo.

Posición núm. 10

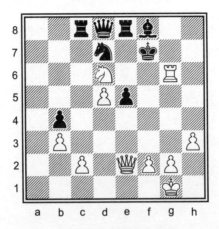

Juegan las negras

Esta partida decidió el primer puesto del torneo, las tablas bastaban al primer jugador para salir primero, mientras que su joven adversario, de 14 años, debía ganar. ¿Qué captura es ganadora? ¿Cómo es tablas con la otra?

Soluciones

Posición núm. 1

En algunas posiciones "atascadas", donde no se ve nada inmediato, preguntas como: ¿qué pieza cambiar?, ¿cuál conservar?, bien contestadas, pueden indicarnos el mejor camino.

39.♗g5!

El "buen alfil" blanco se cambia por el pasivo caballo de e7, pero ese caballo defiende la casilla c6, lo que importa más, como Tarrasch decía: "Lo importante son las piezas que quedan en el tablero, no las que se van".

39...h6

39...♚g8 40.♗xe7 ♗xe7 41.♘c6 ♛e8 42.♛e6 ♚f8 43.♖a7, con completa dominación, es similar a la partida.

40.♗xe7+ ♗xe7 41.♘c6 ♛e8 42.♖a7

Todas las piezas blancas son mejores y, además, el rey negro es una debilidad táctica, la ventaja blanca es ganadora.

42...♚g8

Claro que la pasiva 42...♗d8 no ofrece esperanzas, por ejemplo: 43.♖a8 ♖d7 44.♛f5+ ♚g8 (o bien 44...♛f7 45.♛h7 etcétera) 45.♛xd7!, etcétera.

Tampoco 42...♗f6 43.♖b7 ♖d7 44.♛f5 es esperanzador.

43.♖xc7

1-0

Andor Lilienthal (Moscú, 5 de mayo de 1911 – Budapest, 8 de mayo de 2010), fue el más longevo de los primeros ajedrecistas que obtuvieron el título oficial de Gran Maestro en 1950, su partida más conocida es su brillante victoria ante Capablanca en Hastings 1934-35, con sacrificio de dama.

Lilienthal, A. - Kotov, A., 14° Campeonato de la URSS, Moscú, 1945.

3 puntos para **39.♗g5!**

Posición núm. 2

55...♕xe7?

Era ganadora 55...♔f7!, y no hay buena defensa contra la coronación, por ejemplo, 56.♖d4 ♔g8 58.♕g5+ ♕g6 59.♘e7+ ♔h7, y el rey blanco recibe mate en pocas jugadas.

Tampoco vale 56.♘d5 c1=♕ 57.♕e7+, (o 57.♕f6+ ♔g8 y no hay nada), 56...♕xd4 57.♕xd4 c1=♕ 58.♕d5+ ♔e8, etcétera.

56.dxe7 c1=♕ 57.exf8=♕+ ♖xf8 58.♕g5+

El rey negro no puede escapar del perpetuo, tras 58...♔f7 59.♕f5+ pierde 59...♔e7? por 60.♖xe4+ ♔d8 61.♕xf8+ ♔c7 62.♕f7+ ♔b6 63.♕f6+ ganando en pocas jugadas.

A este doloroso empate concedido por Isaak Boleslavsky siguió una derrota, en la que fue la última partida del duelo.

David Bronstein ganó el derecho a desafiar a Mikhail Botvinnik en Moscú 1951, pero no pudo derrotarlo. "El Patriarca" defendió su título exitosamente al empatar 12 a 12.

½-½

Bronstein, D. - Boleslavsky, I., Match de desempate, Moscú (m/13), 1950.

2 puntos para **55...♔f7!** y **2 puntos** extra si rechazó 55...♕xe7? por ver que el rey negro no podía escapar del jaque perpetuo con **58.♕g5+** o 58.♕e7+

Posición núm. 3

Las blancas pueden jugar de modo sencillo, por ejemplo, con 22.g4 y mantener su superioridad, pero no hay que desperdiciar la oportunidad de explotar los puntos débiles del rival, con la siguiente jugada se logra acceder a él.

22.fxg6! fxg6 23.♖xf8+!

Al caer el peón de d6 se cae toda la posición, las blancas logran invadir campo negro por un precio razonable.

23...♖xf8 24.♘xd6

Como indicó Lilienthal, en realidad no fue un sacrificio, porque pronto las blancas ganarán un segundo peón por la calidad.

24...♗d7 25.♗h6 ♖f6

A 25...♖fd8 pucde seguir 26.♗f4 también recuperando la calidad, y quedándose con ventaja material.

26.♘ce4 ♖bf8 27.♗xf8 ♖xf8 28.♘xc5 ♗c8 29.a5 ♘f6 30.♖f1 ♔g7 31.♘dxb7

1-0

Lilienthal, A. - Shamkovich, L., 21° Campeonato de la URSS, Kiev, 1954.

2 puntos para **22.fxg6!** y **2 puntos** para **23.♖xf8+!**
1 punto para **22.g4**

Posición núm. 4

Cuando Evans volvió al tablero y tocó su dama, Reshevsky estaba ya tendiendo su mano hacia Evans esperando el abandono.

49.♕g8+!!

Reshevsky "se volvió pálido, y sonrió amargamente", comentó Evans.

También valía 49.♕h8+! ♔xh8 50.♖f8+ ♔h7 51.♖h8+ ♔g6 52.♖h6+ ♔f7 53.♖f6+, etcétera.

49...♔xg8 50.♖xg7+

Y las blancas se salvan por ahogado, Evans "con una desbordante pero no visible alegría" alcanzó a oír cómo Reshevsky se reprochaba a sí mismo a la vez que suspiraba. Murmuró sólo una palabra: "Estúpido".

Ese punto en disputa tuvo gran importancia para la clasificación final, de haber ganado, Reshevsky hubiera empatado el segundo puesto con Evans y Pal Benko.

Para no tener que ser tan severo consigo mismo, el mejor consejo es el de "no vender la piel del oso antes de cazarlo", siempre preguntarse: ¿qué planea mi rival?

½–½

Evans, L. - Reshevsky, S., Campeonato de Estados Unidos, Nueva York (9), 29.12.1963.

3 puntos para 42.♕g8+!! y **3 puntos** para **42.♕h8+!!**

Posición núm. 5

36.♖c1!

Hay que avanzar los peones, pero con esta jugada previa, única para ganar, naturalmente es una intermedia con la que Carlsen ya contaba jugadas antes.

En cambio **36.c7?** ♖c6 lleva a un final perdido, los peones están controlados y se planea traer el rey con 37... ♔f8, las negras sólo pueden llegar a un final de torres perdedor con 37.d7 ♖xc7 38.d8=♕ ♗xd8 39. ♖xd8+ ♔g7, etcétera. Lo mismo ocurre tras 36.d7? ♖xc6.

36...♗xb2 37.d7

Ésta fue la única derrota de Grischuk en el torneo de Linares, España, de 2009, que luego de tres años consecutivos compartiendo sede con Morelia, México, ese año volvió a disputarse íntegramente en la localidad jiennense.

Grischuk logró el primer puesto, con 8 puntos sobre 14, superando por desempate a Vassily Ivanchuk; Carlsen terminó en tercero, invicto a medio punto de distancia.

1-0

Carlsen, M. - Grischuk, A., XXVI Ciudad de Linares, 05.03.2009.

3 puntos para **36.♖c1!**

Posición núm. 6

Las blancas podrían jugar tanto 18.♘g3 como 18.♘c3, pero a ambas seguiría 18...♘d6 y, en cierto modo, la posición negra se refuerza. Svidler no lo permitió.

18.d6!

Evitando el bloqueo del peón de d5, al precio de un peón las blancas activan no sólo al ♗g2 sino también al resto de sus piezas, y descolocan más aún las fuerzas del adversario; la apertura de líneas encuentra a las piezas blancas mucho mejor colocadas.

18...cxd6

No es mejor 18...♕xd6 19.f6! ♗h8 20.♘c3, o 20.♕xd6 cxd6 21.♘c3 y las negras están paralizadas, seguiría ♖ad1, y ♘e4 o ♘d5, etcétera.

A 18...♖b8 sigue 19.f6!, que fuerza 19...♗h8, con virtualmente una pieza de menos, pues no vale 19...♗xf6?? por 20.dxc7

19.♘c3 ♖b8 20.♘d5 gxf5 21.gxf5 ♕h4?!

Facilita la tarea blanca, pero ya no había continuación satisfactoria. A 21...f6 las blancas ganan material decisivo con 22.♗b6 ♕e8 (o 22...♕d7), 23.♗a7 ♖a8 y el doble de caballo.

22.♗f2! ♕g5 23.h4! ♕d8

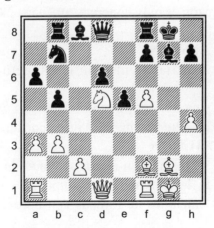

24.f6!

Y las negras abandonaron, **24...♗xf6 pierde por 25.♗b6, y tras 24...♗h6 25.♕h5 ♗f4 26.♗e4 h6 27.♗e3,** las blancas ganan rápidamente por ataque.

Si comparamos esta posición con el diagrama inicial vemos el éxito de la idea blanca de entregar el peón con 18.d6!

El quíntuple campeón ruso, Peter Svidler, ocupó el primer tablero de la Federación de San Petersburgo, que sólo salió cuarto en el 25º Campeonato de Europa de Clubes de 2009, celebrado en Ohrid (ARYM), pero él obtuvo la medalla de oro al mejor primer tablero, con 5½ sobre 7 puntos y una "Rating performance" de 2.920 puntos.

1-0

Svidler, P. - Mamedyarov, S., Ohrid (4), 07.10.2009.

4 puntos para **18.d6!**
2 puntos para **18.♘g3** y también **2 puntos** para **18.♘c3**

Posición núm. 7

28.♖d1!

Una jugada extraña a simple vista, pues abandona la columna c. La razón es muy concreta, amenaza 29.♗xa5+ ♚e8 30.♗b4, ganando.

28...♚e8 29.♗h6! ♖f8

Devuelve el material de más sin lucha, pero ya no había defensa.

A 29...♖g8 gana 30.♕d5, mientras que 29...♘h5 30.♕e6+ ♚d8 31.♗e3! ♕b7 32.g4 recupera la pieza con ataque decisivo.

30.♗xg7 ♖f7 31.♕e6+

Esta partida se disputó en el XIX Torneo de Elgóibar, un pueblo vasco de la provincia de Guipúzcoa, que ya lleva organizadas 20 ediciones de torneos con norma de GM, por él han pasado Topalov, Vallejo, Cheparinov y muchos otros fuertes maestros cuando eran muy jóvenes.

1-0

Huerga, M. - Berbatov, K., Elgóibar (7), 16.12.2009.

3 puntos para **28.♖d1!**
1 punto para 28.♖c6

Posición núm. 8

21...♗xc2+! 22.♔xc2 ♕b3+ 23.♔c1 ♘b4!

Efectivamente, hablábamos de la indefensión de la dama blanca, que facilitó el ataque de mate relámpago.

Esta partida se jugó en el XI Campeonato de Europa Individual Absoluto, disputado en el Centro de Deportes Zamet de Rijeka, Croacia, en marzo de 2010, la victoria correspondió al joven ruso de 19 años Ian Nepomniachtchi.

Nepomniatchi era, engañosamente, sólo el 35 del ranking inicial, pero tuvo una "Rating Performance" de 2.868 puntos, posteriormente, en diciembre de ese mismo año, confirmó su tendencia ascendente al vencer en el 63º Campeonato Ruso.

En la competencia femenina se impuso la sueca Pia Cramling, al derrotar en la última ronda a la lituana Viktorija Cmilyte, que terminó segunda.

0-1

Cheparinov, I. - López Martínez, J., 11º Campeonato de Europa Absoluto, Rijeka (2), 07.03.2010.

2 puntos para **21...♗xc2+!** y **1 punto** para **23...♘b4!**

Posición núm. 9

26.♗f6+!

El alfil no puede ser capturado pues cae el alfil de d6 y las blancas evitan así la defensa ...f5 para pasar al ataque con letal rapidez.

Menos cristalino, pero también decisivo, era 26.♖f6
26...♔g8 27.♖d3!
Con la amenaza 28.♕xh7+!
27...♘xf6 28.♖xf6 ♗e7 29.♖h3 h5

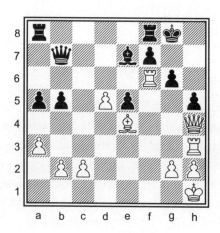

30.♕xh5!
Seguiría **30... gxh5 31.♖g3+ ♔h8 32.♖h6++**
Esta partida de la última ronda del torneo "Artic Chess Challenge" de Tromso, Noruega, dio la victoria al ruso Mikhail Kobalia, empatado en puntos, pero superando por mejor desempate al mexicano León Hoyos, quien también tuvo una actuación excelente.
Tromso también será la sede de la Olimpiada de Ajedrez de 2014.
1-0
Kobalia, M. - Van Wely, L., Arctic Chess Challenge, Tromso (9), 08.08.2010.

2 puntos para **26.♗f6+!** y **2 puntos** para **27.♖d3!**
2 puntos para 26.♖f6
1 punto para 26.g4

26

Posición núm. 10

32...♗xd6??

Con segundos en el reloj, las negras dejan escapar el vital medio punto. 32...♔xg6! era ganador, por ejemplo: 33.♕e4+ ♔h6 34.♘f7+ ♔g7 35.♘xd8 ♘f6 y las negras tienen ventaja material decisiva.

33.♕h5!

Ahora sí las negras no pueden escapar del jaque perpetuo.

33...♘f6 34.♖xf6+! ♔xf6 35.♕h6+ ♔f5 36.♕h7+! ♔f6 37.♕h6+ ♔f5 38.♕h7+ ♔f6 39.♕h6+

La madura reacción del joven ucraniano, que es actualmente el Gran Maestro más joven del mundo, despertó elogios, tras el apretón de manos y la firma de la planilla, Illya Nyzhnyk felicitó a su rival por la clasificación con un nuevo apretón de manos y lo invitó a analizar la partida; al joven ucraniano le espera un gran futuro ajedrecístico.

½-½

Vocaturo, D. - Nyzhnyk, I., 73° Tata Steel C, Wijk aan Zee, 30.01.2011.

2 puntos por jugar **32...♔xg6!, 2 puntos** por descubrir **33.♕h5!** y **1 punto** más por **34.♖xf6+!**

Puntuación máxima: 36 puntos

Más de 32 puntos: Súper GM
30 a 32 puntos: 2.500 de Elo
27 a 29 puntos: 2.400 de Elo
24 a 26 puntos: 2.300 de Elo
20 a 23 puntos: 2.200 de Elo
16 a 19 puntos: 2.100 de Elo
11 a 15 puntos: 2.000 de Elo
5 a 10 puntos: 1.900 de Elo

Capítulo 2. ¡Al ataque!

El ataque al rey adversario posiblemente sea la actividad más placentera ante el tablero, si alguien simboliza la maestría y la belleza en el ataque es "El mago de Riga", Mikhail Tal, aunque también para muchos otros maestros el juego de ataque es primordial en su juego, como los campeones del mundo Gary Kasparov y Veselin Topalov.

Éste es el capítulo más largo del libro, tiene ante sí 20 problemas donde la temática principal es el ataque a la posición adversaria.

Posición núm. 11

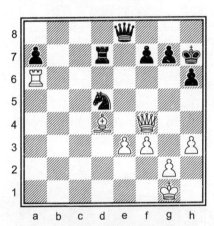

Juegan las blancas

Las piezas blancas están muy activas, pero no parece haber mucho material en el tablero para desnivelar la lucha; las blancas no encontraron nada mejor que **30.♕g4** y la partida acabó en tablas.

Sin embargo, el conductor de las blancas estaba convencido de que algo se le había escapado; en sus análisis, de los cuales hablaremos en la solución, sus sospechas se confirmaron.

¿Qué continuación ventajosa omitieron las blancas en la posición del diagrama?

Posición núm. 12

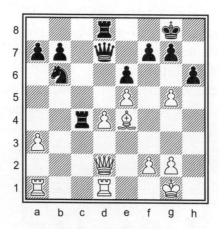

Juegan las blancas

Las piezas negras están más activas, y no se ve cómo defender el peón de d4. ¿Están las blancas en problemas? Demuestre que no.

Posición núm. 13

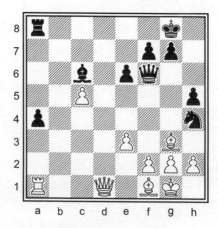

Juegan las negras

Este final de partida corresponde al maratónico Interzonal de Palma de Mallorca 1970, Bent Larsen, quien conducía las negras, había comenzado mal el torneo, pero a partir de la 15ª ronda empezó a jugar bien y al llegar a esta 20ª jornada, ya tenía posibilidades de ocupar uno de los 6 primeros puestos y clasificarse para los matches de Candidatos, para ello era muy conveniente vencer a su rival, quien tenía medio punto más que él. ¿Cómo condujeron las negras el ataque?

Posición núm. 14

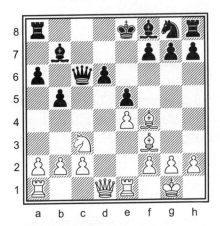

Juegan las blancas

El conductor de las piezas blancas era especialmente temible en posiciones como la del diagrama, donde el rey negro ha quedado en el centro y necesita varios tiempos para ponerse a resguardo; que la posición sea cerrada es lo que por el momento lo protege. Demuestre que todo puede cambiar.

Posición núm. 15

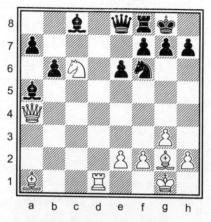

Juegan las blancas

En la posición del diagrama las blancas tienen dos peones de menos, pero aún así derrotaron a uno de los ajedrecistas más fuertes del mundo. ¿De qué manera?

Posición núm. 16

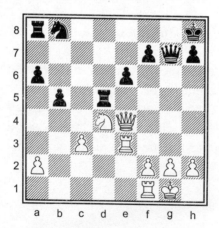

Juegan las blancas

Las blancas disponen de más piezas en juego, es una ventaja "con fecha de caducidad", si no hay nada rápido, la siguiente jugada negra será **23...♘d7** y esa superioridad habría desaparecido. ¿Cómo evitarlo?

Posición núm. 17

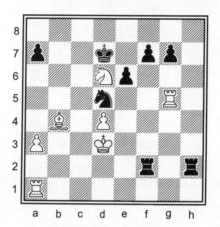

Juegan las negras

No hay damas, pero la ausencia de la pieza más poderosa no implica que la seguridad del rey pueda ser descuidada, y aquí la situación del rey blanco es más que sospechosa. ¿Cómo lo explota?

Posición núm. 18

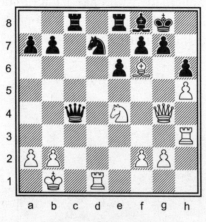

Juegan las blancas

Las piezas blancas están muy activas, y el enroque negro está desprotegido. ¿Cómo continuar con la ofensiva?

Posición núm. 19

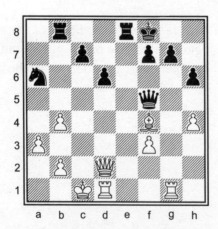

Juegan las negras

Ambos reyes están expuestos, pero en una carrera de ataques contra el rey adversario es válido lo de "quien golpea primero golpea dos veces". ¿Cómo progresar con el ataque?

Posición núm. 20

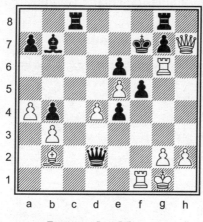

Juegan las blancas

El ♗b2 está amenazado, pero el rey negro está en mayor peligro, con pocos defensores. ¿Cómo lo demuestra?

Posición núm. 21

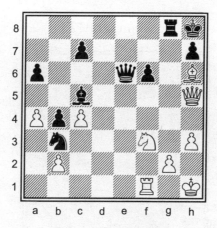

Juegan las blancas

Al parecer no hay nada muy grave en la posición negra, es verdad que su flanco rey está debilitado, y que el ♘b3 está momentáneamente fuera de juego, pero parece haber suficiente defensa. ¿Las apariencias engañan? Demuéstrelo.

Posición núm. 22

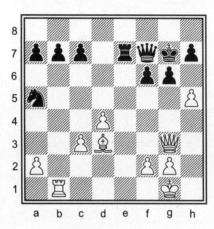

Juegan las blancas

Las blancas presionan el enroque negro, pero no parece haber nada grave a la vista. ¿Es realmente así?

Posición núm. 23

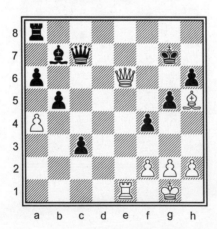

Juegan las blancas

Esta posición dejó la teoría sólo unas jugadas antes, siguiendo un conocido modelo Anand - Leko del Memorial Tal de 2009.

A pesar de sus dos peones pasados, las negras están perdidas. ¿Cómo?

Posición núm. 24

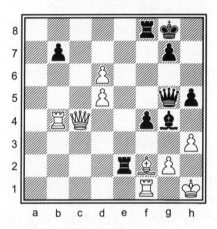

Juegan las negras

Estamos ante una posición crítica, la partida está a punto de decidirse; el ♗g4 no puede retirarse porque debe defender la torre, pero las defensas del rey blanco son escasas. ¿Encuentra la forma de aprovecharlo?

Posición núm. 25

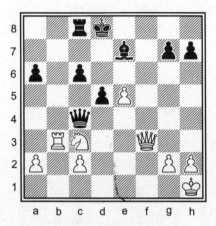

Juegan las blancas

Las blancas no tienen material de menos y el rey negro está en situación sospechosa, pero la posición todavía requiere cuidado porque hay mate en la primera línea blanca.

¿Qué opina? ¿Es conveniente darse un aire antes de pasar a la ofensiva sin estar pendiente del contraataque negro, o es conveniente el ataque inmediato?

Posición núm. 26

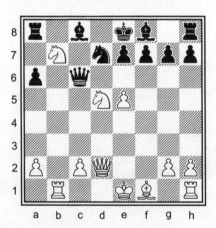

Juegan las blancas

Hay muchas piezas blancas activas. ¿Cómo explotan la poca movilidad del rey negro?

Posición núm. 27

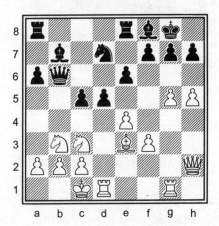

Juegan las blancas

La carrera entre ataques a reyes situados en diferente flanco está ganada por las blancas, pero sus caballos parecen estar alejados del flanco de rey, y ahora deben enfrentarse a la amenaza 20...d4. ¿Cómo jugar?

Posición núm. 28

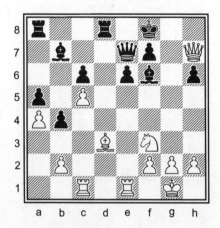

Juegan las blancas

Las negras acaban de jugar 22...a5, buscando poner en juego al ♗b7 desde a6, otra de las ideas es evitar el pasaje de torre 23.♖c4 debido a 23...♖xd3 24.♕xd3 ♗a6, etcétera, y la simplificación favorece a las negras. ¿Cómo jugar?

Posición núm. 29

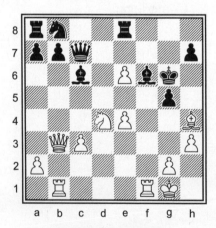

Juegan las blancas

Las blancas habían entregado una pieza por un fuerte ataque. ¿Cómo continuar?

Posición núm. 30

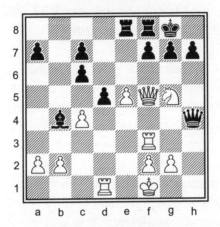

Juegan las blancas

El peón de c4 está tocado con jaque. ¿Hay que tomar alguna medida preventiva o es posible aprovechar la apertura de la columna h?

Soluciones

Posición núm. 11

La partida siguió **30...g6 31.♕h4 ♘xe3 32.♕f6 ♘f5 33.♗e5 ♕f8 34.f4 h5 35.♔h2 h4 36.♖a5 ♕d8**

½-½

Las blancas estaban conducidas por Semen Furman (Pinsk, 1 de diciembre de 1920 - Leningrado, 17 de marzo de 1978), un fuerte Gran Maestro soviético, quien fue entrenador de, entre otros, Mikhail Botvinnik, David Bronstein, Viktor Korchnoi y Efim Geller, pero su labor más fecunda la desplegó con uno de los más grandes ajedrecistas de la historia, Anatoly Karpov, quien en su autobiografía "Karpov sobre Karpov", publicada en 1991, muestra un gran agradecimiento a la labor de Furman.

Furman analizaba posiciones constantemente, y continuó analizando esta partida, con la certeza de que en algún momento se le había escapado la victoria; no la pudo encontrar tras la partida, ni durante la cena, ni después.

Sin embargo, a la mañana siguiente se despertó con la solución, parece claro que su cerebro había continuado trabajando, y encontró el ataque de mate mientras estaba dormido.

Las blancas disponían de una combinación decisiva, que saca provecho de la fuerza de su alfil y de la precaria posición de las piezas negras.

Una pieza sin defender es algo que hay que tener en consideración, como ya lo vimos en el capítulo anterior aquí, además de la fuerza del alfil blanco, no es evidente que la situación indefensa de la dama negra ayude a que la combinación sea exitosa, ganaba **30.♖xh6+!!** gxh6 (o bien **30...♔g8 31.♖h8+! ♔xh8 32.♕h6+**) **31.♕f5+ ♔g8 32.♕g4+! ♔f8 33.♕g7+ ♔e7 34.♕e5+!** ♔d8 (a 34...♔f8 decide 35.♗c5+) **35.♕b8+! ♔e7 36.♗c5+ ♔f6 37.♕xe8**, con ventaja decisiva.

Furman, S. - Kholmov, R., Campeonato de la URSS, Leningrado (4), 11.1963.

4 puntos para **30.♖xh6+!**

Posición núm. 12

Lo dicho sobre la debilidad del peón de d4 es cierto, pero el factor más importante en casi toda posición es la seguridad del rey, si esa seguridad está en entredicho todo lo demás tiene menos valor.

24.gxh6!

Las amenazas sobre el rey negro son tan fuertes que las blancas pueden darse el lujo de entregar una torre con jaque.

24...♖xd4 25.♕g5! ♖xd1+ 26.♖xd1 ♕xd1+ 27.♔h2 g6

Los tres atacantes blancos coordinan su fuerza a la perfección y la torre de menos importa muy poco.

28.♗xg6! ♕d2

El alfil es inmune, a 28...fxg6 gana 29.♕xg6+ ♔f8 30.h7 ♔e7 31.♕g7+, etcétera.

29.h7+

Y mate en 3 jugadas: **29...♔g7 30.♕f6+ ♔h6 31.♗f5+ ♔h5 32.g4++**

Curiosamente en la base de datos se indica que se jugó la errónea 29.♗xf7+? que sólo da tablas tras 29...♔xf7 30.♕f6+ ♔e8 31.♕xe6+ ♔f8 32.♕f6+ ♔e8 y tablas, no sería posible 33.h7? por 33...♔d7

1-0

Lilienthal, A. - Gurgenidze, B., Moscú, 1964.

4 puntos para **24.gxh6!** y **1 punto** para **25.♕g5!**

Posición núm. 13

33...♘f3+!

En cambio 33...♖d8? 34.♗xh4, eliminando al amenazante caballo, daría buenas posibilidades de tablas.

34.♔h1

A 34.gxf3 seguiría 34...♖d8! 35.♗d6 ♗xf3 36.♕xa4 ♖xd6!, ganando.

34...h4 35.♗f4

Contra 35.♗d6 como las blancas están paralizadas, puede seguir tanto 35...a3 como 35...h3 (para 36... ♘h4), 36.♗g3 ♘d2 o 36... ♖d8 previamente.

35...♖d8 36.♗d6 h3

Y no hay defensa.

37.♖xa4 ♗xa4 38.♕xa4 ♘d2 39.♔g1 ♕g6 40.♕d1

A 40.♕a5 sigue 40...♘f3+ 41.♔h1 hxg2+ y 42...♕b1+

40...♘xf1 41.♕xf1 ♖d7!

Rumbo a b1.

42.f3

Una curiosa definición sobreviene tras 42.g3 ♖b7 43.♕xh3 ♖b1+ 44.♔g2 ♕e4+ 45.f3 ♕c2++

42...♖b7 43.e4 ♖b1

Y finalmente el danés Bent Larsen (Tislte, 4 de marzo de 1935 - Buenos Aires 2010), consiguió clasificarse y compartir el segundo lugar con Efim Geller y Robert Huebner, tras un distante Fischer.

Larsen escribió posteriormente un artículo donde comentó que "La dama, un caballo, un alfil y el peón h puede ser una fuerza atacante muy fuerte". Y mencionó otro ejemplo suyo: Polugaevsky - Larsen, Busum 1969, que el lector está invitado a repasar.

Sobre esta partida, que es recomendable ver completa con sus instructivos y amenos comentarios, señaló: "...tras uno o dos serios errores de mi rival produje un ataque con algunas bonitos detalles tácticos. A veces las jugadas brotaban de modo natural, como si las hicieran las piezas mismas. Por lo tanto, no es para mí todo el honor, ¡sino para la dama, el caballo y los peones de torre!"

Larsen venció en tres Interzonales (Ámsterdam 1964, Susa 1967 y Biel 1976), y estuvo entre los 10 mejores del mundo durante dos décadas.

0-1

Mecking, H. - Larsen, B., Palma de Mallorca (20), 1970.

3 puntos para **33...♘f3+!** y **1 punto** extra si rechazó 33...♖d8? por 34.♗xh4!

Posición núm. 14

12.a4!

Despreciando la amenaza al ♗f4, y buscando abrir líneas, la amenaza inmediata es abrir el ala dama, y que el monarca no pueda refugiarse allí. **12...b4**

No resulta sostenible 12...exf4 13.e5, y ahora es forzada 13...d5 para que no se abra aún la columna "e", 14.♗xd5 ♕d7 15.♕f3 (o 15.e6), 15...♗xd5 16.♘xd5, seguido de 17.♖ad1, etcétera.

13.♘d5 exf4 14.c3!

Buscando abrir la columna "c", es también muy fuerte 14.e5

14...b3

Peor es 14...bxc3 donde la idea original era **15.♖c1,** también sigue siendo demoledora 15.e5, y el rey negro no podrá sostenerse tras la apertura de líneas.

15.e5!

Amenazando tanto descubiertos del ♘d5, como abrir la columna "e", lo que obliga al rey negro a buscar rápidamente un refugio, aunque sea precario, gracias a las jugadas 12.a4! y 14.c3!

15...0-0-0 16.♕xb3

Con la amenaza **17.♘b6+**

 16...♚b8 17.♘b4! ♛d7

A 17...♛b6 entre otras gana 18.♘c6+ ♚c7 19.♛xb6+ ♚xb6 20.♘xd8, etcétera. **18.♗xb7 ♚xb7**

O bien 18...♛xb7 19.♘c6+ ganando.

 19.♘d5+! ♚a8

No es mejor 19...♚a7 20.♛b6+ ♚a8 21.♘c7+, etcétera.

 20.♘b6+ ♚a7 21.♘xd7 ♜xd7 22.♜ad1

El serbio Dragoljub Velimirovic (Valjevo, 12 de mayo de 1942), ha sido tres veces campeón yugoslavo, e integrante de su selección nacional en múltiples ocasiones.

Es un jugador de ataque, que ha dado su nombre a una violenta línea contra la Defensa Siciliana muy popular en las décadas 60 a 80 del siglo pasado: **1.e4 c5 2.♘f3 d6 3.d4 cxd4 4.♘xd4 ♘f6 5.♘c3 e6 6.♗c4 ♘c6 7.♗e3 ♗e7 8.♛e2**, seguido de **9.0−0−0**, etcétera.

 1-0

Velimirovic, D. - Vasiukov, E., Yugoslavia *vs* URSS, 1973.

3 puntos para **12.a4! 2 puntos** para **14.c3!**
2 puntos para 14.e5

Posición núm. 15

Las blancas aprovechan su mayor dinamismo, que compensa sobradamente los dos peones entregados.

 23.♛h4!

Tras esta maniobra de dama la concentración de fuerzas sobre el enroque negro es abrumadora y no hay defensa.

Era atractivo **23.♗xf6 gxf6,** destrozando el enroque, pero aquí no ganar la dama con 24.♜d8? ♛xd8 25.♘xd8 ♜xd8, que desperdicia casi toda la ventaja. En cambio sí sería ventajoso aumentar la presión con 24.♛g4+! ♚h8, y aquí por ejemplo 25.♛f4 (25.♜d8?! ♛xd8 26.♘xd8 ♜xd8 sigue sin ser lo mejor), 25...♚g7 26.♛c7, etcétera.

23...e5

Buscando ganar algo de actividad dando algo de movilidad a la dama y al ♗c8. En caso de 23...♘d7 Granda indica el siguiente remate: 24.♖xd7! ♗xd7 25.♘e7+ ♔h8 26.♗xg7+ ♔xg7 27.♕g5+ ♔h8 28.♕f6++

No es mejor 23...♗d7, que se refuta con una maniobra estándar: 24.♗xf6 gxf6 25.♕xf6 ♗xc6 26.♖d4! h5 27.♕g5+, y mate rápido.

24.♗xe5 ♗d7

A 24...♘g4 sigue una maniobra ganadora diferente: 25.♘e7+ ♔h8 26.♗c6, etcétera. En caso de 24...♕e6 seguiría 25.♖d6 ♕g4 26.♖xf6! ♕xh4 27.♘e7+ ♔h8 28.gxh4 ♗b4 29.♘xc8 gxf6 30.♗xf6+ ♔g8 31.♘xa7, con ventaja material decisiva.

25.♗xf6 gxf6 26.♗e4 h6 27.♖xd7! ♕xd7 28.♕xh6 f5 29.♗xf5

El peruano Julio Granda Zúñiga (Camaná, 25 de febrero de 1967) es uno de los talentos naturales más grandes que ha dado Sudamérica, de haber podido compatibilizar sus condiciones naturales con un estudio sistemático habría llegado mucho más alto aún, pero no siempre se ha dedicado al ajedrez, muchos años lo abandonó para centrarse en otra de sus pasiones que, aunque suene extraño, es la agricultura.

El estadounidense Gata Kamsky (Novokuznets, URSS, 2 de junio de 1974) es un aspirante al título mundial desde los años noventa, en 1996 venció en el ciclo de candidatos al título mundial y desafió, sin éxito, a Karpov por el título mundial de la FIDE; su retiro del ajedrez desde 1997 a 2004 para dedicarse a la carrera de Medicina, y luego a la de Leyes, lastró su juego, pero aún así sigue siendo uno de los mejores ajedrecistas del mundo. Se impuso en la Copa del Mundo en 2007 y fue campeón de Estados Unidos en 2010, entre otros éxitos.

1-0

Granda, J. - Kamsky, G., Memorial Euwe, Ámsterdam, 1996.

4 puntos para **23.♕h4!**

3 puntos para 23.♗xf6! si lo hizo con idea de 24.♕g4+! y no 24.♖d8?

Posición núm. 16

23.♘xe6!!

Por medio de esta entrega Veselin Topalov desmantela las defensas del rey negro y saca provecho de la ausencia del flanco dama negro mencionado, para obtener un ataque irresistible.

Son también buenas **23.♖g3 y 23.♘f5**.

23...fxe6 24.♕xe6 ♖d7

Contra 24...♖d8 decide 25.♖g3, pues la dama negra no puede retirarse e impedir un jaque decisivo en la gran diagonal negra.

25.♖g3 ♕f8 26.♖e1!

La última pieza entra en juego, y crea una amenaza concreta muy bonita. **26...♖aa7**

No ve la amenaza, pero tampoco 26...♖g7 era defensa, las blancas jugarían 27.♖xg7 ♔xg7 (Si 27...♕xg7 gana 28.♕c8+ ♕g8 29.♖e8, etcétera) 28.♕g4+ ♔h8 (28...♔f7 29.♕f3+) 29.♕d4+ ♔g8 30.♕d5+ ganando.

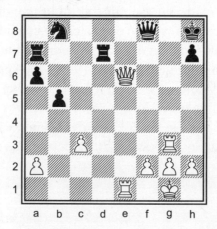

27.♕f6+!

Y las negras abandonaron ante el mate inminente: 27...♕xf6 28.♖e8+

El futuro campeón del mundo, Veselin Topalov, empató el 2° puesto del XV Dortmund Sparkassen disputado en julio de 2005; el sorprendente vencedor fue su rival derrotado en esta ocasión, el alemán Arkadij Naiditsch, que sólo perdió esta partida.

1-0

Topalov, V. - Naiditsch, A., Dortmund (2), 09.07.2005.

3 puntos para **23.♘xe6!!**

2 puntos para 23.♖g3 y **2 puntos** para 23.♘f5

Posición núm. 17

34...a6?

Evita que el rey se escape a b5, pero no basta con tener una idea correcta, también es necesario llevarla a cabo con precisión, con el orden correcto en este caso.

Era necesario descolocar antes al rey blanco con 34...♖f3+! 35.♔c4 ♔c6! (o también 35...a6), y las blancas no pueden frenar las dos amenazas de mate, 36...♘b6, y 36...♖c2.

También vale 34...♖h3+.

35.♖g3!

Con esta jugada las blancas evitan que su rey sea empujado a la zona de peligro, ya no pierden.

35...♖b2?!

Era necesario 35...♘xb4+ 36.axb4 ♔xd6 37.♖xa6+ ♔e7 38.♖xg7 ♖h3+, con un final tablas.

36.♘e4! ♖b3+ 37.♔c4?!

Las negras hubieran tenido problemas tras 37.♗c3!

37...♖xg3 38.♘xg3 f5 39.♖g1 g5 40.♘xf5 ♘b6+ 41.♔d3 exf5 42.♖xg5 ♖h3+

Y se acordó tablas.

De haber perdido esta partida, el armenio Levon Aronian (Ereván, 6 de octubre de 1982) habría sido eliminado, pero superó esta eliminatoria y finalmente se impuso a Ruslan Ponomariov en la final de esta Copa del Mundo celebrada en Khanty Mansiysk a fines de 2005.

Posteriormente siguió subiendo de nivel, triunfó entre otros, en Wijk aan Zee 2008, y se adjudicó el Grand Prix 2008-2009, para convertirse en un serio aspirante al título mundial; es uno de los seis ajedrecistas que ha sobrepasado los 2.800 puntos de Elo, y es el primer tablero y uno de los puntales del brillante equipo olímpico armenio.

½-½

Aronian, L. - Vallejo Pons, F., Copa del Mundo, Khanty Mansiysk, 07.12.2005.

3 puntos para 34...♖f3+! (y **3 puntos** para 34...♖h3+!) y **1 punto** extra por calcular 35...♔c6! (o 35...a6!) en estas mismas líneas.

Posición núm. 18

24.♖c3!

Primero hay que ocuparse de la defensa. Así se alejan los peligros del propio monarca, se amenaza la dama y el ♘**d7**, la réplica es forzada.

24...♕b5 25.♖xd7! ♔h8

Signo de impotencia, aunque no había defensa. Contra 25...♕xd7 gana 26.♗xg7! ♗xg7 27.♘f6+, etcétera, mientras que 25...♖xc3 26.♗xc3 es también insuficiente.

26.♖xf7

Y las negras abandonaron, ni siquiera el ♗**f6** puede capturarse por 27.♖h7+!, con mate en dos jugadas.

La china Xu Yuhua (Jinhua, 29 de octubre de 1976), jugando en su tercer mes de embarazo, se proclamó campeona del mundo en este torneo de Ekaterimburgo, Rusia, al derrotar a la rusa Alisa Galliamova en la final por 2½ a ½. Fuera del ajedrez es graduada en Leyes.

1-0

Xu Yuhua - Ushenina, A., Campeonato Mundial Femenino, Ekaterimburgo, 14.03.2006.

2 puntos para **24.♖c3!** y **1 punto** para **25.♖xd7!**

Posición núm. 19

Que el ♘a6 parezca estar "fuera de juego" es engañoso, está en el lugar correcto.

24...♘xb4!

Las negras abren columnas sobre el rey blanco y llegan antes, y en estas posiciones, como ya lo comentamos: "quien golpea primero, golpea dos veces", y el precio por ello puede ser secundario. Se amenaza 25...♘a2++

25.axb4 ♖a8! 26.b3

Contra 26.♕d4 habilitando la casilla d2 para escapar, sigue 26...♖e2, ganando.

26...♖a1+ 27.♔b2 ♕f6+!

Y las blancas abandonaron. Es forzada **28.♕d4 ♕xd4+ 29.♖xd4 ♖xg1** con una fácil victoria, pues no es posible 28.♕c3 por 28...♖a2+, etcétera.

El Ural Sverdlovsk, club al que pertenecía el español de origen letón Alexei Shirov (Riga, 4 de julio de 1972), se impuso en el XIII Campeonato de Rusia por equipos disputado en Sochi, en abril de 2006.

Shirov se distingue por su agradable estilo de ataque, y la búsqueda de complicaciones, con lo que recuerda a su compatriota Mikhail Tal, ha ganado infinidad de torneos de primer nivel y es aspirante al título mundial desde la década de los noventa.

En 1998 publicó un libro llamado *Fuego sobre el tablero,* donde da datos biográficos y muestra sus mejores partidas; en

2004 publicó *Fuego sobre el tablero II*, que abarca los años 1997 a 2004.

0-1
Rublevsky, S. - Shirov, A., XIII Campeonato por Equipos de la URSS, Sochi (5), 24.04.2006.

3 puntos para **24...♘xb4!**

Posición núm. 20

El cubano Lázaro Bruzón, ex campeón del mundo juvenil, remató la partida con brillantez ante el actual campeón del mundo:
25.♖xe6!
La torre se inmola amenazando **26.♕xf5++**
25.♖f6+ ♔e7 26.♖xe6+! también era correcto.
25...♔xe6 26.♕xf5+ ♔e7 27.♕f7+ ♔d8 28.e6!
En cambio 28.♕xg8+? ♔c7 29.♕e6 ♔b8 es insuficiente.

El torneo español Ciudad de León cumplió en 2011 su 24ª edición, durante más de dos décadas han jugado en León los campeones del mundo Gary Kasparov, Anatoly Karpov, Veselin Topalov, Rustam Kasimdzhanov, Vladimir Kramnik, y Viswanathan Anand; el actual campeón del mundo (2012) es quien más veces se ha impuesto en León.

El torneo de León fue inicialmente un torneo cerrado, para pasar luego a jugarse matches a ritmo clásico, luego en la modalidad de *advanced chess* (ajedrez avanzado), y ahora es un torneo de semirrápidas donde asisten los mejores ajedrecistas del mundo.
1-0
Bruzón, L. - Anand, V., XIX Ciudad de León, 09.06.2006.

2 puntos para **25.♖xe6!**
También recibe **2 puntos** por elegir 25.♖f6+ y 26.♖xe6+

Posición núm. 21

28.♖e1!

Es notable que las blancas puedan explotar los defectos mencionados tan contundentemente, y que la partida dure sólo dos jugadas más.

La dama negra es la defensora de dos puntos clave, evita la intrusión de la dama blanca a f7, y también controla e5, de gran importancia; ahora la dama negra está obligada a abandonar la defensa de una de esas casillas.

28...♕xc4

A 28...♕c6 o 28...♕d6, sigue 29.♕f7!, con la amenaza imparable 30.♗g7+ seguido de ♖e8+, mientras que contra 28...♕d7 sigue la idea principal 29.♘e5! fxe5 30.♕xe5+ ♖g7 31.♕f6!, con las amenazas 32.♖e8+ y 32.♗xg7+ seguido de ♖e8+

29.♘e5!

El clérigo español Ruy López de Segura (Zafra, Extremadura, 1940 - Madrid 1580) es autor del *Libro de la invención liberal y arte del juego del ajedrez*, publicado en Alcalá de Henares en 1561, que fue uno de los primeros libros de ajedrez de la historia.

Ruy López era considerado el mejor jugador europeo de su época y ha dado nombre a una de las aperturas más importantes llamada Apertura Española o Apertura Ruy López.

En su localidad natal se juegan anualmente torneos en su memoria, uno de ellos es de semirrápidas con apertura obligada, la Ruy López, en la primera edición de 2007 se impuso el armenio Gabriel Sargissian, y antes también había ganado el torneo cerrado, con una sideral *rating performance* de 3.021 puntos.

1-0

Sasikiran, K. - Ponomariov, R., Zafra (8), 25.03.2007.

2 puntos por **28.♖e1!** y **1 punto** extra por **29.♘e5!**

Posición núm. 22

30.♖b5!

Svidler muestra con rapidez que la debilidad del monarca sí es grave, una vez que se une esta poderosa fuerza ofensiva; a la debilidad del rey negro hay que añadir la desafortunada colocación del caballo negro, que se convierte en "la segunda debilidad".

En ese caso también se puede jugar antes 30.hxg6, aunque generalmente en posiciones similares es preferible postergar la captura.

30...b6 31.hxg6!

¡Ahora sí!

31...hxg6 32.♖h5!

Ésa era la idea, con el traslado de la torre al ataque la posición negra se torna desesperada.

32...♖e8?

No defiende, pero era difícil encontrar algo satisfactorio.

A **32...♘c6** buscando traer refuerzos sigue la misma jugada.

33.♖h3!

Con la evidente amenaza 34.♕h4

33...f5

A 33...♖h8? sigue la obvia 34.♖xh8 ♔xh8 35.♗xg6, etcétera.

34.♗xf5! ♘c6

En caso de 34...♕xf5 sigue 35.♕xc7+ ♕f7 (o 35...♔f6 36.♖f3) 36.♖h7+, etcétera.

35.♗d3

Con peón de ventaja y ataque.

35...♖e6 36.♕h4 ♕g8 37.♗c4!

El alfil es entregado nuevamente, esta combinación decide el juego.

37...♖e1+ 38.♔h2 ♕xc4 39.♕h8+ ♔f7 40.♖h7+

1-0

Svidler, P. - Motylev, A., Ohrid (7), 10.10.2009.

3 **puntos** para **30.♖b5!**, o la previa 30.hxg6 si ya tenía en mente **32.♖h5!**

Posición núm. 23

28.♖d1!

La torre se infiltra ganando material y a la vez las blancas logran controlar a los peones negros, y así las blancas pueden explotar la debilidad del rey negro.

No da nada la tentadora 28.♕g6+? por 28...♔h8 29.♕xh6+ ♕h7, por ejemplo, 30.♕d6 c2 31.♗g6 ♕h6!, etcétera.

Tampoco es peligroso 28.axb5? c2 29.♕g6+ ♔h8 30.♕xh6+ (también es insuficiente 30.♖c1 axb5 31.h3 ♕c6 etcétera.), 30...♕h7 31.♕xg5 ♖g8, y aquí son las blancas las que deben recurrir a una jugada artística, 32.♗g6!! para hacer tablas.

28...c2

Tampoco vale **28...♖d8** por **29.♕g6+ ♔h8 30.♕f6+**, ganando.

A 28...♗c6 lo más rápido es 29.♖d6

29.♖d7+ ♕xd7 30.♕xd7+ ♔h8 31.♕c7! ♗e4

A 31... ♖c8 las blancas dan mate con 32.♕e5+ ♔g8 33.♕e6+ ♔h8 34.♕f6+ ♔g8 35.♗f7+, etcétera.

32.♗f7!

Con la amenaza 33.♕e5+, que no tiene buena réplica.

El vencedor, Avetic Grigoryan, se adjudicó el 70º Campeonato de Armenia, disputado en Ereván, del 21 al 30 de enero de 2010.

1-0

Grigoryan, Av. - Kotanjian, T., 70º Campeonato de Armenia, Ereván (1), 22.01.2010.

2 puntos para **28.♖d1!**

Tiene **1 punto** por considerar y descartar 28.axb5 y también **1 punto** más si consideró pero descartó **28.♕g6.**

Posición núm. 24

29...f3!!

Inicio de un remate espectacular de la jugadora austriaca Eva Moser.

30.hxg4

Claro que tras 30.g3 la torre estaría defendida y podría seguir **30...♗xh3**

¿Y ahora?

30...♕h4+!!

Preciosa jugada que lleva al mate en 7 jugadas, indica Fritz.

30...♕e3! y **30...fxg2+ 31.♔xg2 ♕e3,** etcétera, también ganaban.

31.♔g1

O bien 31.♗xh4 fxg2+ 32.♔h2 gxf1=♕+, etcétera.

31...fxg2! 32.♔xg2 ♖exf2+

Un ataque de extraordinaria belleza, ¿no le parece?

0-1

Gvetadze, S. - Moser, E., 11º Campeonato de Europa Femenino Rijeka (7), 12.03.2010.

3 puntos para **29...f3!!** y **3 puntos** para **30...♕h4+!!**

1 punto para **30...♕e3!** y **1 punto** para 30...fxg2+ y 31...♕e3

Posición núm. 25

26.♕f7!

¡No hay que dar tregua! Hay que calcular bien, pero tomar la iniciativa es lo primordial en esta posición. Se amenaza **27.♖b7**

Era equivocado jugar "sobre seguro" con 26.h3?, porque las negras igualmente consiguen contrajuego con por ejemplo 26...♕d4! amenazando al peón de e5, y tras 27.♕g3 ♗c5, la posición no es clara.

26...♕h4

Recuerda la situación del rey blanco, ¿y ahora?, ¿cómo seguir con el ataque? **27.♖b1!**

Y el contrajuego negro casi desapareció, además la torre tendrá mucha más movilidad desde la primera línea que desde la tercera.

27...♕h6

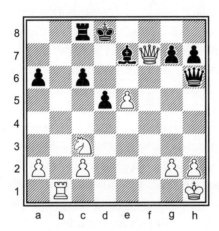

¿Cómo explotar la situación del rey negro? Parece claro que si la posición sigue cerrada no hay forma de que se explote, pero... no hay rupturas...

28.♘xd5!!

Y ahora, con la desaparición de la seguridad del rey negro, *Chess is easy again*, como solía decir el gran Miguel Najdorf.

28...cxd5 29.♕xd5+ ♔e8 30.♖d1!

Amenaza **31.♕d7+** y **♕xc8**

30...♖c7

A 30...♕c6 gana 31.♕g8+ ♗f8 32.♖f1, etcétera.

31.♕a8+! ♔f7 32.♖f1+ ♔e6 33.♕xa6+ ♔d7 34.♖d1+ ♔e8 35.e6

Otro atacante se une a la ofensiva, no hay defensa.

35...♗d8 36.♕b5+ ♔e7 37.♕b4+

Y las negras abandonaron ante 37...♔e8 (o bien 37...♔xe6 38.♖d6+) 38.♖xd8+! y mate.

El ShSM-64 de Moscú se impuso "Primera Liga" del Campeonato Ruso por Equipos 2010, disputado en abril de 2010, en Dagomys (Sochi); estuvo integrado por Boris Gelfand (Israel), Sergey Karjakin, Wang Hao (China), Boris Grachev, Alexander Riazantsev, Fabiano Caruana (Italia), Evgeny Najer y Boris Savchenko, con esto tenemos una muestra de que el Campeonato Ruso por Equipos es una "miniolimpiada", donde asisten gran parte de los mejores jugadores del mundo.

Vassily Ivanchuk integró el equipo subcampeón de la Federación de Ajedrez de San Petersburgo.

1-0
Ivanchuk, V. - Grischuk, A., 17º Campeonato Ruso por Equipos, Dagomys (7), 08.04.2010.

2 puntos para **26.♕f7!** y **1 punto** para **27.♖b1!**

Posición núm. 26
17.♖b6!!
La dama no puede retirarse a causa de ♘c7++, y en caso de 17...♘xb6 sigue 18.♘f6+ exf6 19.♕d8++

17.♕a5! ♗xb7 18.♘c7+ ♔d8 19.♘xa8+ era algo menos contundente pero también muy efectivo.

Esta partida pertenece a la quinta edición del Torneo NH disputado en Ámsterdam, Holanda, en agosto de 2010, el certamen fue un duelo entre dos equipos: "Estrellas Emergentes" frente a "Experiencia", donde cada jugador de un equipo se enfrentó a todos los componentes del otro, a doble vuelta.

Es un duelo atípico, pues más importante que saber qué equipo vence (ganaron las "Estrellas Emergentes" por 26 a 24), es quién se lleva el otro premio, al que sólo pueden acceder los jóvenes: el que lograba más puntos era invitado al torneo Amber, a ciegas y rápidas del año siguiente.

El estadounidense Hikaru Nakamura fue quien logró el pasaporte en 2010, para disputar el 20º y último torneo Amber en Monte Carlo, en marzo de 2011, Nakamura superó en el desempate al joven holandés Anish Giri, quien finalmente también fue invitado.

Vassily Ivanchuk es el único maestro que ha participado en las 20 ediciones del torneo.

1-0

Nakamura, H. - Van Wely, L., 5º NH, Ámsterdam 19.08.2010.

3 puntos para **17.♖b6!!**
2 puntos para **17.♕a5!**

Posición núm. 27

20.g6!

Acelerando el ataque, dispuesto a entregar una pieza alejada para que el ♗e3 se incorpore a la ofensiva; es importante destacar que el enroque negro tampoco está sobrado de recursos defensivos.

Esta ruptura entregando el peón para abrir líneas es típica en los ataques "a la bayoneta".

20...d4 21.♘xd4! cxd4 22.gxf7+ ♔xf7 23.♗xd4 ♕c6 24.♕f4+! ♔g8?!

No es lo más tenaz, era preferible 24...♘f6 y las blancas deben elegir cómo continuar con el ataque, hay dos variantes naturales que son fuertes.

Tanto 25.h6 a lo que es forzado 25...e5, pues hay que defender f6, **26.♗xe5 ♖xe5 27.hxg7 ♗xg7** (o bien **27...♗d6 28.g8=♕+! ♖xg8 29.♖xg8 ♖e6 30.♕f5**, etcétera), **28.♕xe5** con ventaja material, y con el rey negro expuesto.

También hay tiempo para 25.♗e5 ♖ed8 (A 25...h6 sigue 26.♖g6, amenazando 27.♗xf6 o 27.♖xf6+, y si por ejemplo 26...♗e7, gana 27.♗xf6 ♗xf6 28.e5, etcétera.), 26.h6 ♖xd1+ (o bien 26...♕c5 27.hxg7 ♗e7 28.♖g5! ♖xd1+ 29.♘xd1 ♖c8

59

30.g8=♕+! ♖xg8 31.♖xg8 ♔xg8 32.♗xf6, etcétera) 27.♘xd1 ♖c8 28.♘e3 y las negras están indefensas, las blancas pueden reforzar su posición antes de capturar material, y no es defensa acumular efectivos con 28...♕c5 29.♖g5 ♕e7 a causa de, entre otras, 30.hxg7 ♗xg7 31.♘g4, etcétera.

25.♗xg7!

Y mate en 7 jugadas, indica Rybka 4.

25...♗xg7 26.♕g5

Esta partida pertenece a uno de los grupos preliminares del III Torneo Iberoamericano que se disputó en la UNAM de la ciudad de México en noviembre de 2010, participaron 24 ajedrecistas de 21 países.

El brasileño Gilberto Milos obtuvo la victoria al vencer en la final al español Marc Narciso por 2½ a 1½.

1-0

Fonseca, J. - Larrea, M., III Torneo Iberoamericano, ciudad de México, 14.11.2010.

3 puntos para **20.g6! 1 punto** para **21.♘xd4!**
1 punto para el orden **21.gxf7+ ♔xf7 22.♘xd4!**

Posición núm. 28

23.♖c4!

¡Igualmente!

23...♖xd3 24.♖g4!

Con la doble amenaza de mate en g8 y a la ♖d3, la respuesta negra es forzada.

Claro que no 24.♕xd3? ♗a6 y las negras, tras haber simplificado el juego y reforzado sus defensas, están mejor gracias a su fuerte alfil y a las debilidades blancas del flanco de dama.

24...♕d7

Tras la partida, analizando a ciegas, Granda sugirió **24...♕xc5 25.♕xd3** (**25.♖xe6** fue indicada por el maestro chileno Iván Morovic, y parece decisiva, pero Rybka encuentra una asombrosa defensa: 25...♖d1+! 26.♘e1 ♕g5!!, las negras consiguen torre y pieza por la dama, lo que no basta para igualar, pero sí si se añade la debilidad de la primera línea blanca y la debilidad del flanco de dama blanco, veamos por ejemplo: 27.♖xg5 hxg5 28.♖e2 ♖e8! 29.♖xe8+ ♔xe8 30.♕e4+ ♔f8 31.h3 ♗xb2 32.♕e2 ♖b1 y las negras no están peor.) 25...♗xb2 que Rybka refuta con 26.♕h7 ♔e7 27.♖ge4, seguido de ♘e5, aunque es verdad que era la mejor posibilidad práctica.

25.♕xh6+ ♔e7 26.♖f4!

El lenguaje corporal de Granda indicaba que sólo ahora había visto la jugada clave de la entrega de la pieza, y ya no hay remedio, la posición negra se desmorona.

26...♗xb2 27.♘g5 ♖f8

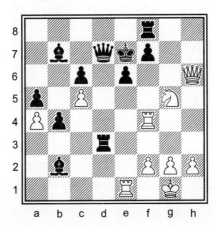

28.♘xe6!

Ésta fue la jugada que Granda omitió al jugar **23...♖xd3**, la posición negra es casi de abandono, y aunque luego el conductor de las blancas no jugó lo más fuerte, la ventaja nunca dejó de ser decisiva.

28...♖g8 29.♕h7

29.♘f8+ ganando la dama era otra posibilidad, 29.♕h4+! ♔e8 30.♖g4 era más preciso indica Rybka 4, es mate en 8 jugadas. La clave es que a 30...♖xg4 es mate en 2 jugadas con 31.♘g7+ ♔f8 32.♕h8++

29...♖f8 30.♕h4+ f6 31.♕h7+ ♖f7 32.♘d4+ ♔d8 33.♕xd3

Además de la calidad y peón de ventaja, las piezas negras están descoordinadas e inactivas, una vez que se añada un nuevo factor, el resto será sencillo.

33...♔c8 34.h4!

El peón libre inicia su marcha, entre las varias opciones ganadoras ésta es la más apropiada desde el punto de vista práctico.

34...♔b8 35.h5 ♖h7 36.♕g6 ♗c3 37.♖e6 ♗xd4 38.♖d6 ♗e5

38...♗xf2+ 39.♔xf2 ♕e7 40.h6 tampoco ofrece esperanzas. **39.♖xd7**

A 39...♖xd7 gana la sencilla 40.g3 ♗xf4 41.gxf4 seguido de h6 y no vale 41...b3 por 42.♕g8+ ♔a7 43.♕xb3, etcétera.

Esta partida pertenece al Gran Abierto Internacional UNAM disputado en la Universidad Nacional Autónoma de México al mismo tiempo que el III Torneo Iberoamericano, que terminó con triunfo del conductor de las piezas blancas.

Hubo muchas otras actividades simultáneas, como conferencias de prensa de destacadas personalidades, exhibición de partidas simultáneas a cargo de Kasparov y Karpov, un cuadrangular donde se impuso Judit Polgar, etcétera.

1-0

Franco, Z. - Granda, J., I Abierto de México, 21.11.2010.

4 puntos por 23.♖c4!, 2 puntos por **23.♖g4!, 1 punto** si vio **26.♖f4!** y **1 punto** si llegó hasta **28.♘xe6!**

Posición núm. 29

22.♕c2!

Las blancas rematan la lucha en gran estilo comenzando con una jugada "silenciosa". La dama acude al ataque con la amenaza 23.e5+

22...♕e5

Parece lo mejor, bloquea el peón y amenaza tomar en e4.

Tras 22...gxh4 las blancas se imponen de varias maneras, por ejemplo con 23.e5+ ♔g7 24.♖xf6 ♖f8 25.e7 ♖xf6 26.exf6+ ♔xf6 27.♕f5+, etcétera.

23.♖xf6+!

Este vital defensor desaparece y la ausencia de las piezas negras del flanco dama hace que la diferencia de fuerzas en juego no se note.

23...♔xf6

No hay defensa tampoco luego de **23...♔g7 24.♖f5 ♕xe4 25.♖xg5+ ♔h8** y ahora lo más rápido es 26.♖g4! ♕e3+ 27.♗f2 ♕e5 28.♘xc6 ♘xc6 29.♖xb7, y no se puede defender h7 sin perder la dama.

24.♕f2+ ♔g7

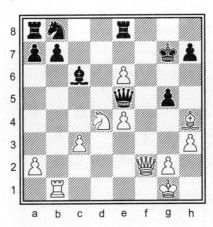

25.♖xb7+!

Más elegante que la sencilla y buena **25.♕f7+**

25...♔h8

O bien 25...♗xb7 26.♕f7+ ♔h6 27.♘f5+, etcétera.

26.♗g3

El vencedor de esta brillante partida no estuvo tan acertado en el resto del LXXVII Campeonato de Brasil, de categoría X, celebrado en Americana (San Pablo), del 29 de noviembre al 8 de diciembre de 2010.

Giovanni Vescovi, que hizo 8½ puntos sobre 11, se impuso ya con una ronda de anticipo.

1-0

Leitao, R. - El Debs, F., 77º Campeonato de Brasil Americana (8), 05.12.2010.

3 puntos para **22.♕c2!** y **2 puntos** para **23.♖xf6+!**

Posición núm. 30

24.♖h3!

No es necesario defender el peón atacado, el enroque negro queda con muy pocos defensores, el remate que sigue tiene una clave espectacular. **24...♕xc4+**

No es mejor **24...g6 25.♖xh4** (no es claro 25.♕f6?! ♕g4!), **25...gxf5 26.♘xh7**, etcétera.

25.♔g1 g6 26.♕f6! ♗e7

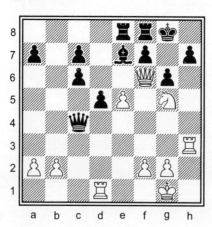

Con la amenaza 28.♕xe7 ♖xe7 29.♘f6+ y mate, a la captura de la dama sigue lo mismo.

27...♕g4 28.♕xe7!

Y se acabó la resistencia, a **28...♖xe7,** sigue el mate anterior, y no resiste 28...♕xh3 debido a, por ejemplo, 29.♘f6+ ♔h8 (o 29...♔g7 30.♘xe8+ ♖xe8 31.♕f6+), 30.♘xe8 ♕h6 y, entre otras, 31.♖d4

El torneo italiano de Reggio Emilia, sólo es superado en longevidad por Wijk aan Zee, esta 53ª edición, de categoría XVIII, fue jugada del 28 de diciembre de 2010 al 6 de enero del 2011.

El español Francisco Vallejo Pons parecía destinado a lograr el mayor éxito de su carrera, al comenzar con 3½ sobre 4 puntos posibles, y jugando hermosas partidas como ésta, pero el máximo favorito, el azerí Vugar Gashimov, logró alcanzarlo y superarlo por desempate.

1-0

Vallejo Pons, F. - Onischuk, A., 53º Reggio Emilia, 05.01.2011.

3 puntos para **24.♖h3!** y **1 punto** extra si vio **27.♘xh7!**

Puntuación máxima: 79 puntos

Más de 70 puntos: Súper GM
65 a 70 puntos: 2.500 de Elo
58 a 64 puntos: 2.400 de Elo
50 a 57 puntos: 2.300 de Elo
41 a 49 puntos: 2.200 de Elo
32 a 40 puntos: 2.100 de Elo
22 a 31 puntos: 2.000 de Elo
10 a 21 puntos: 1.900 de Elo

Capítulo 3. Defensa y contraataque

A todos nos gusta atacar, a menos les atrae la defensa; sin embargo, es evidente que tan importante como saber concretar una ventaja es defenderse con tenacidad y poner obstáculos para que el adversario cristalice sus planes.

Es tan placentero conducir un ataque victorioso como defender exitosamente una posición con dificultades, y si tras estar en posición inferior podemos contraatacar y "dar vuelta la tortilla", el gozo deportivo es aún mayor.

Hay nombres míticos asociados a la defensa y al contraataque, como los campeones del mundo Emanuel Lasker y Tigran Petrosian, y otros grandes como Viktor Korchnoi y Ulf Andersson, entre otros. Tiene 10 problemas para entrenar su técnica defensiva.

Posición núm. 31

Juegan las blancas

La partida es una típica carrera entre iniciativas contra el flanco dama y contra el flanco rey. Las negras parecen haber llegado antes, pero...

¿Cómo muestra que la jugada anterior negra (39...♗a5), fue un error?

Posición núm. 32

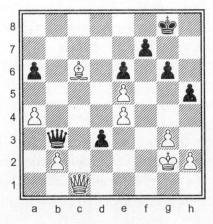

Juegan las blancas

Con el peón en d3 y la amenaza 33...♕c2+, está claro que, a pesar de la pieza de ventaja, son las blancas las que luchan por el empate. ¿Cómo se logra hacer tablas?

Posición núm. 33

Juegan las blancas

Las blancas tienen un peón de ventaja, pero la posición es compleja y no se ve un camino claro para salir de la presión y tratar de valorizar el peón de ventaja. ¿Cuál sugiere usted?

Posición núm. 34

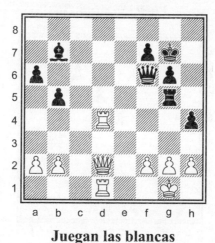

Juegan las blancas

Las blancas tienen una calidad de ventaja, pero todas las piezas negras atacan al monarca blanco. ¿Cómo defenderse?

Posición núm. 35

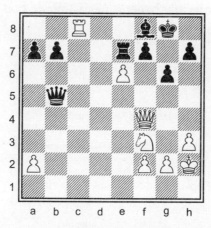

Juegan las negras

Las negras están ante una fuerte presión, las blancas amenazan ganar con 31.♕b8 o también con 31.♘e5, y la presencia del peón de e6 añade otros peligros, como 31.♕h6 ♖e8 32.exf7+, etcétera. ¿Cómo minimizar los posibles daños?

Posición núm. 36

Juegan las negras

Las negras están peor, básicamente porque su rey está mal defendido, pero hay que ofrecer la máxima resistencia.

¿Cómo defenderse de la simultánea amenaza de mate y a la ♖d5? ¿es preferible hacerlo pasivamente con 37...♖d8 o es posible contraatacar?

Posición núm. 37

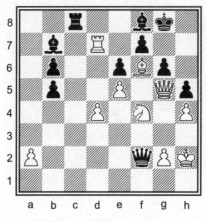

Juegan las negras

Los dos reyes están expuestos. ¿Deben las negras reforzar su defensa o es el momento de contraatacar?

Posición núm. 38

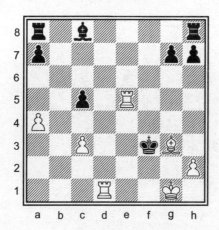

Juegan las negras

El rey negro se metió en la boca del lobo. ¿Cómo parar la amenaza 27.♖f1+ ♚g4 28.♖f4+ y mate?

Posición núm. 39

Juegan las blancas

Estamos en un momento crítico de la partida y del torneo.

La posición blanca parece crítica, se amenaza pasar la torre a la columna h con 27...♖f6 o 27...♖f5, con ataque de mate. ¿Cómo defenderse?

Posición núm. 40

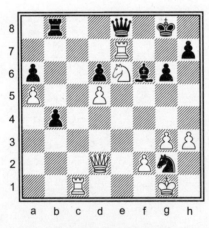

Juegan las negras

Las blancas acaban de jugar **34.♖xe7**. ¿Cómo recapturar?

Soluciones

Posición núm. 31

40.♖h7+!

El conductor de las piezas blancas, Johannes Hermann Zukertort, no sólo se defiende, sino que inicia, brillantemente, un contraataque ganador.

40...♔f8

La torre es inmune, tras 40...♔xh7 gana 41.♘f6+ ♔g7 42.♘xd5 ♗xc3 43.♘xc3, etcétera.

41.♖h8+ ♔g7

No es posible escapar con 41...♔e7 a causa de 42.♖xa8! ♗xc3 (o bien 42...♕xa8 43.♗xa5) y la intermedia 43.♖a7+! decide.

42.♖h7+ ♔f8 43.♕f2!

Tras la típica repetición para ganar tiempo, los refuerzos llegan con asombrosa rapidez.

43...♗d8

En caso de **43...♗xc3** hay que jugar simplemente 44.bxc3 (no 44.♕h4? por 44...♖xb2+ seguido de 45...g5! y las negras se rehacen.), 44...g5 45.♘e5!, ganando.

44.♘e5 ♔g8

A 44...♖a7 decide 45.♖h8+ ♔e7 46.♕h4+, etcétera.

45.♖ah1 ♗f6 46.♖xf7 ♖f8

Tras 46...♗xe5 47.fxe5 la ♖f7 queda defendida.

47.♖xf6

No hay defensa tras **47...♖xf6 48.♕h4,** etcétera.

Esta partida pertenece al primer Campeonato del Mundo oficial, realizado de enero a marzo de 1886, se jugó a 10 partidas ganadas, y se disputó en tres ciudades de Estados Unidos (Nueva York, San Luis y Nueva Orleans).

Tras frenar el ímpetu inicial de Johannes Hermann Zukertort (Lublin, Polonia, 7 de septiembre de 1842 – 20 de junio de 1888, Londres), que comenzó ganando por 4 a 1, William

Steinitz (Praga, 17 de mayo de 1836 – 12 de agosto de 1900), terminó imponiéndose por 10 a 5 con 5 tablas, y se convirtió en el primer campeón del mundo oficial.

1-0

Zukertort, J. Steinitz, W., Campeonato del Mundo, Nueva York (3), 15.01.1886.

2 puntos para **40.♖h7+!**
1 punto para **43.♕f2!, 1 punto** para **41.♕f2!**

Posición núm. 32

33.♕f1?

Había que buscar el perpetuo con ♕d8+ y ♕f6, jugando 33.♕g5!, por ejemplo, 33...♕c2+ 34.♔h3! d2 (o bien 34...♕xc6 35.♕d8+ ♔h7 36.♕xd3 con probables tablas) 35.♕d8+ ♔h7 36.♕f6 d1=♕ 37.♕xf7+ ♔h6 38.♕f8+ ♔h7 39.♕f7+, etcétera. También valía el orden inverso, comenzando con 33.♔h3! y a 33...♕c2 34.♕g5 o 34.♕f1

33...d2

La dama negra no necesita jugarse a c2 para avanzar el peón, lo importante de que permanezca en b3 es que mantiene defendido e6, ya veremos su importancia.

34.♗e8 f5!

La ventaja material que obtendrán las negras es tan grande que la debilidad de su monarca no podrá ser explotada.

Ahora vemos que con la dama negra en b3, y no en c2, el contraataque 35.♕xa6 no tiene fuerza.

35.♗d7

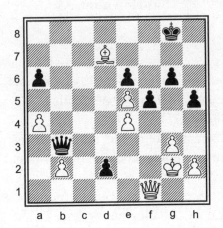

35...♕c2!

Hay más de una jugadas efectiva, pero no la apresurada **35...d1=♕??** por **36.♗xe6+!** y las blancas pasan al frente.

36.♗xe6+ ♔g7 37.♗b3

Un recurso tan ineficaz como cualquier otro.

37...♕xb3 38.♕xa6 d1=♕ 39.♕f6+ ♔g8 40.♕xg6+ ♔f8 41.♕xf5+ ♔e7

Y el rey se escapa.

El argentino Julio Bolbochán (Buenos Aires, 10 de marzo de 1920 – Caracas, 28 de junio de 1996), fue campeón argentino en los años 1946 y 1948, obtuvo la medalla de oro en el segundo tablero de la Olimpiada de Dubrovnik 1950, y la medalla de plata en el segundo tablero en la Olimpiada de Ámsterdam 1954 con 11 ½ sobre 15.

Estuvo tres olimpiadas consecutivas (1950, 1952 y 1954), sin perder ninguna partida, permaneció invicto 50 partidas olímpicas, lo que es un récord entre los jugadores hispanohablantes.

0-1

Salo, T. - Bolbochán, J., Moscú ol (7), 1956.

3 puntos para **33.♕g5!**

3 puntos para **33.♔h3!** con la misma idea.

Posición núm. 33

39.♖b8+!

El final tras **39.exd4 ♖xa3** no da posibilidades de victoria por la actividad de las piezas negras, como señaló Larsen y, además, los peones de d4 y a2 son débiles.

39...♔h7 40.♖h8+!

Este sorprendente golpe fue inesperado para Andersson, quien, en apuro de tiempo, cometió un error decisivo.

40...♔xh8??

Las blancas tienen una clara ventaja tras 40...♕xh8 41.♕xa7 ♕b2! (clavando al caballo, mejor que 41...♕c3? 42.♕xf7+ ♔h6 43.♕f8+ ♔h7 44.♘e4!, por ejemplo, 44...♕c2+ 45.♔g1 ♕d1+ 46.♔g2 ♘xe3+ 47.♔h3! ♕f1+ 48.♔h4 ♘g2+ 49.♔g5 ♕b5+ 50.♘c5, ganando.), 42.♕xf7+ ♔h6 43.♔e1, pero aún habría lucha.

41.♕f8+

El danés Bent Larsen se impuso claramente en el II Magistral "Clarín", disputado en Buenos Aires a fines de 1979, el patrocinador fue el periódico del mismo nombre.

Fue uno de sus triunfos más rotundos, terminó invicto, con 11 puntos sobre 13, sacando nada menos que 3 puntos de ventaja a los cuatro escoltas: Spassky, Miles, Andersson y Najdorf.

El sueco Ulf Andersson era un jugador muy sólido, sólo perdió esta partida en todo el torneo.

1-0

Larsen, B. - Andersson, U., Buenos Aires (Clarín), 26.11.1979.

2 puntos para **39.♖b8+!** y **2 puntos** para **40.♖h8+!**

Posición núm. 34

Claro que no es conveniente defenderse con 30.g3?? a causa de 30...♕f3

30.♖f4!!

El ataque es la mejor defensa. Las blancas mostrarán que el rey negro tampoco está bien defendido y contraatacan con éxito, aún a costa de permitir la entrada de la torre negra con jaque.

Tampoco 30.♖d6? ♖xg2+ 31.♔f1 ♕e5 da ventaja, caerá el peón de h2 y ya habrá dos peones por la calidad, uno de ellos muy peligroso.

30...♖xg2+ 31.♔f1 ♕g5

Tras 31...♕c6 32.♕d4+ f6 ocurre lo mismo que en la partida.

Ahora 31...♕e5 no amenaza el peón de h2 y el ataque se rechaza con 32.♖e1! ♕c5 33.b4!, y las negras no pueden defenderse de tantas amenazas como ♕d4+, ♖e7 y ♖xh4.

32.♕d4+ f6

Tampoco es defensa **32...♔g8 por 33.♕d8+**

33.♕xf6+!

Logra una simplificación decisiva.

33...♕xf6 34.♖d7+ ♔h6 35.♖xf6

El uzbeco Rustam Kasimdzhanov (Taskent, 5 de diciembre de 1979), se proclamó campeón del mundo de la FIDE en el torneo celebrado en Trípoli, Libia, del 18 de junio al 13 de julio de 2004.

Tras eliminar a Topalov en la semifinal, en la final venció al británico Michael Adams por 4½ a 3½.

Kasimdzhanov es una persona culta y cordial, habla varios idiomas con fluidez, entre ellos alemán e inglés; sus dotes de comunicador se notan en los instructivos comentarios que da en los DVD de Chessbase.

1-0

Kasimdzhanov, R. - Almasi, Z., Trípoli (m/2), 2004.

4 puntos para **30.♖f4!!**

Posición núm. 35

30...♖xe6?

Lo más sencillo, y aparentemente correcto, las negras contaban con que las blancas recuperarían el peón, pero no que su posición sufriría un mazazo de fuerza demoledora.

Existía una defensa, la única posibilidad de igualar consistía en **30...♕f5! para defenderse de 31.♕b8? con 31...fxe6** "y la partida sigue", la misma defensa existe contra 31.♕h6.

El final tras 31.♕xf5 gxf5 32.exf7+ ♔xf7 33.♘g5+ ♔g6! no es de temer, a 34.♘xh7?! sigue 34...♗g7 35.♘f8+ ♔f7 36.♘h7 ♖e2, etcétera.

Frente a 31.♕d6, amenazando 32.♕xe7, es suficiente 31...♕f6! y los peligros de la iniciativa blanca se extinguen.

31.♘g5 ♖e7 32.♘xh7! ♔xh7 33.♖xf8 ♔g7

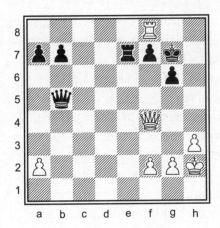

Se puede suponer con gran porcentaje de acierto, que hasta aquí habían calculado Svidler, la torre amenazada debe retirarse y las negras no tienen problemas.

¿Qué se le escapó al conductor de las piezas negras?

Antes de seguir mirando, tape el texto siguiente e intente ganar unos puntos extra.

34.♕h4!!

Un hermoso golpe ganador que, aún a un maestro muy fuerte, le puede pasar desapercibido al inicio de los cálculos, la torre está defendida indirectamente por **35.♕h8++,** y se amenaza la ♖e7, lo que obliga al rey negro a salir de paseo.

34...g5 35.♕h8+ ♔g6 36.f4

Abrir líneas sobre el rey es muy lógico, otra posibilidad era atacar al peón de g5 con **36.♖g8+ ♔f5 37.♕h5**, y no hay buena forma de defenderlo, porque no es posible 37...f6? a causa de 38.♕g4+ ♔e5 39.♖xg5+!, etcétera.

36...♔f5 37.♖d8

Hay varias jugadas fuertes, como **37.♖g8** y como 37.♕h6 ♔e4 38.♕f6 ganando al menos un peón.

37...f6 38.♖d6 ♕b2 39.♕h5

Hay varios caminos vencedores, pero lo "difícil" es elegir el mejor de todos.

39...♛e2?!

Si es difícil encontrar la mejor forma de atacar, mucho más ardua es la tarea del defensor, esta jugada facilita el desenlace.

40.♖d5+ ♚xf4 41.♛g6!

Y no hay buena defensa ante **42.♛xf6+** y la infinidad de amenazas sobre el rey.

Esta partida pertenece a la Copa del Mundo disputada en Khanty Mansiysk, Siberia, Rusia, del 20 de noviembre al 15 de diciembre de 2009.

Svidler derrotó a su duro rival finés en la siguiente partida y logró pasar a la siguiente fase, y cayó derrotado en los cuartos de final ante el ruso Vladimir Malakhov.

El israelí Boris Gelfand se impuso en la final al ucraniano Ruslan Ponomariov, por 7 a 5, y accedió a una de las ocho plazas del Torneo de Candidatos disputado en Kazán, Rusia, en mayo de 2011.

1-0

Nyback, T. - Svidler, P., Copa del Mundo, Khanty Mansiysk, 24.11.2009.

3 puntos para la única defensa 30...fxe6!

2 puntos más si rechazó la defensa elegida por **32.♘xh7!**

2 puntos por señalar **34.♛h4!!**

Posición núm. 36

36...♝xf2+?

Este contraataque es erróneo, tras la precisa réplica blanca la posición negra queda más comprometida.

Era necesario defenderse con 36...♖d8!, las blancas seguirían mejor, pero las negras tendrían buenas posibilidades defensivas, no sería de temer 37.♛e4 a causa de 37...♚g7.

37.♚g2!

El alfil es intocable, también vale **37.♔f1!**, en cambio 37.♔xf2? falla por 37...♖f5+ 38.♔g2 ♖xf6, con un peón de ventaja.

37...♕d8

Claro que si **37...♖d8** sigue **38.♔xf2** y ya no hay **38...♖f5+**

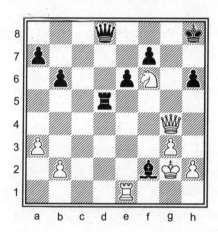

¿Confiarían las negras en esta jugada?, defiende g8, toca el ♘f6 y sigue amenazando capturar la torre.

¿Cuál es el fallo de la idea negra?

38.♖xe6!

Esta jugada es la clave. En cambio 38.♘xd5? ♗xe1 39.♕d4+ f6! no da gran cosa. 38.♕h4 era buena, pero no tanto como lo elegido.

38...♖g5

Tras **38...fxe6 39.♕g6** las negras no tienen buena defensa contra 40.♕h7++, a 39...♖d7 sigue 40.♕xh6+

39.♕e4

Y ahora con el caballo defendido no hay defensa, a 39...♔g7 hay mate en 3 jugadas con 40.♕h7+.

Bu Xiangzhi, hace años el Gran Maestro más joven del mundo, integró el equipo de China, que con sus 2.703 de Elo promedio, acudió a la Olimpiada de Khanty Mansiysk 2010 como tercer preclasificado y como un serio aspirante a medalla, e incluso al primer lugar, pero finalizó en un relativamente modesto 10° puesto.

Ucrania fue la vencedora, seguida de Rusia (equipo 1) e Israel; en la competencia femenina se impuso Rusia, que triunfó en todos sus matches, seguida de China y Georgia.

1-0

Bu Xiangzhi - Tologontegin, S., 39ª Olimpiada Khanty Mansiysk (1), 21.09.2010.

3 puntos para la modesta **36...♖d8!**,

2 puntos extra si rechazó **36...♗xf2+?** por **37.♔g2!** o **37.♔f1!**, y todavía **2 puntos** más si llegó a ver el efecto demoledor de **38.♖xe6!**

Posición núm. 37

27...♗e4?

Refuerza el enroque, pero es peor el remedio que la enfermedad.

Era decisivo el contraataque **27...♖c1!**, en caso de 28.♖xf7 las negras dan mate antes con 28...♕g1+ 29.♔h3 ♖c3+, etcétera.

También pierde 28.♘h3 por 28...♕f1 (amenazando 29...♕h1+ y 30...♕xg2+) 29.♕d2 ♕h1+ 30.♔g3 ♗xg2!, etcétera.

Por último, con el alfil en b7 no vale la combinación 28.♘e2 ♕xe2 29.♖d8 a causa de, entre otras, simplemente 29...♖c8.

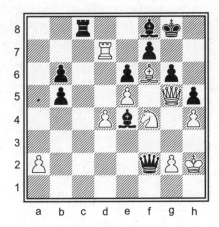

28.d5!!

Un maravilloso recurso ¿de defensa o de contraataque? No queda claro, es una mezcla de ambas.

28...♖c1

Con la mortífera amenaza **29...♕g1+** seguido de **30...♖c3+** y mate, parece demoledor, pero hay una asombrosa defensa.

Tampoco triunfa el orden inverso 28...♕e1 29.dxe6 ♖c1 por 30.exf7+ ♔h7 31.e6 y el ♗f6 defiende c3, evitando el mortífero jaque de torre de antes en c3 (aquí vemos la faceta de 28.d5!! como jugada defensiva) por lo que las negras deben dar jaque perpetuo con 31...♕h1+ 32.♔g3 ♕e1+, etcétera.

A 28...♗c5? se responde ventajosamente con la buena defensa 29.♘h3!

29.♘e2!

Una magnífica defensa.

29...♖c8

A **29...♕xe2** sigue **30.♖d8!**, y en caso de 30...♕f1? las negras reciben mate antes con 31.♖xf8+! ♔xf8 32.♕h6+ y mate; el avance 28.d5!! controla la casilla c6, aquí se ve la faceta agresiva de ese brillante avance.

Luego de 30...exd5 las blancas alcanzan el jaque continuo con una avalancha de sacrificios: 31.e6! (amenaza tanto 32.e7 como mate con 32.♖xf8+), 31...fxe6 32.♖xf8+! ♔xf8 33.♕h6+ ♔e8 34.♕h8+ ♔d7 35.♕d8+ ♔c6 36.♕c8+ ♔d6 37.♕f8+!, única para evitar la huída por c5, y tablas, el rey negro no consigue escapar.

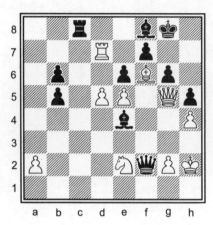

Aquí tenemos un ejercicio extra, tape el texto que sigue y responda: ¿cómo jugar con las blancas?, ¿es posible jugar a ganar?

30.dxe6?

Tras haber hecho retroceder a las negras, con su magnífica defensa, ahora las blancas quieren ganar, pero el intento no saldrá bien.

Es curioso que tras el cambio en e6 las favorecidas sean las negras, pues si bien por consideraciones generales ahora g6 es más débil, ello resultará poco importante, sí lo será que el rey negro obtenga movilidad. Esto está avalado por razones tácticas, claro.

Tras 30.♘f4! la partida hubiera terminado probablemente con la repetición de jugadas tras 30...♖c1 31.♘e2, etcétera.

30...fxe6 31.♖d2

Ya es tarde para **31.♘f4 por 31...♖c1!,** pues ahora 32.♘e2 ♕xe2 33.♖d8 ♕e1 34.♖xf8+ ♔xf8 35.♕h6+ no lleva a las tablas, ahora aparece la movilidad del rey negro de la que hablamos tras, por ejemplo, 35...♔e8 36.♕h8+ ♔d7 37.♕d8+ ♔c6 38.♕d6+ (o bien 38.♕c8+ ♔d5) 38...♔b7, etcétera.

Tras jugadas tranquilas como 31.♘d4, las blancas no amenazan nada y puede seguir, por ejemplo, 31...b4 o directamente 31...♕xa2

31...♗h6!

0-1

Svetushkin, D. - Zhou, Jianchao, 39ª Olimpiada Khanty Mansiysk (3), 23.09.2010.

3 puntos por **27...♖c1!**

2 puntos si descartó **27...♗e4?** por el contraataque **28.d5!!**

3 puntos por señalar la defensa correcta **30.♘f4!**

Posición núm. 38

26...♗a6?

Éste es el modo más evidente y más optimista de defenderse, se controla f1 y de paso se conectan las torres, pero ahora el rey no escapará.

Era necesario 26...♔g4! las blancas pueden ganar un peón con 27.♖xc5 (en cambio tras 27.♖f1 g5! las negras no tienen nada que temer.) 27...♖e8 28.♖d4+ ♔f3 29.♖c7, pero las negras consiguen buenos recursos defensivos con, por ejemplo, 29... g6 30.♖xh7 ♗f5, etcétera. Los alfiles de distinto color ayudan a la defensa.

27.♖de1!

Renovando la amenaza **28.♖1e3+ ♔g4 29.♖3e4+** y mate, no hay buena defensa.

La jugada más propia de computadora 27.♖a6 para descolocar al alfil también era buena.

27...♖hf8 28.♖5e4!

Cerrando la salida, el mate es inevitable.

Ésta fue la única partida decidida del match Azerbaiyán *vs* Armenia de la 7a ronda de la Olimpiada de Khanty Mansiysk 2010, y fue la primera derrota de Armenia, que fue desalojada del primer puesto que compartía.

1-0

Guseinov, G. - Pashikian, A., 39ª Olimpiada Khanty Mansiysk (7), 28.09.2010.

3 puntos por **26...♔g4!** y **2 puntos** extra si rechazó **26...♗a6?** por **27.♖de1!** o **27.♖a6.**

Posición núm. 39

Claro que 27.♖f1? pierde por 27...♕xf1+

27.♕d5+!

Este jaque no sólo permite salvar el juego, ahora son las negras las que deben jugar con cuidado.

27...♕f7?

Un error que pierde la partida, cambiar damas no es lo que pide la posición porque la única posibilidad negra consiste en acosar al rey blanco.

No vale **27...♔h8?** por **28.♕h5+ ♔g8 29.♗d5+** ganando.

27...♖f7! era la única posibilidad de seguir luchando, tras 28.♖f1 ♖e1 29.♖xe1 ♕xe1+ 30.♔h2 g6 las blancas tendrían ventaja material, y peones que parecen ir rumbo a la coronación, pero el rey blanco está debilitado, y las negras pueden aspirar al empate.

Ni Fritz 12 ni Rybka 4 encuentran victoria para las blancas, al principio le dan una gran ventaja, pero tras profundizar "decretan" que será tablas.

28.♖f1!

Lo más fuerte, fuerza un final, sin damas, con gran ventaja material.

Aún podía seguir **28...♕e6!?**, pero las blancas ganan con 29.♗f3! ♖f5 (29...♖e3 30.♔g2 y no hay defensa contra

31.♕xe6 y ♗d5) 30.♕a8+ ♖f8 31.♕xf8+! ♔xf8 32.♗g4+ ♔e7 33.♗xe6 ♔xe6 y aunque las negras están muy activas, tres peones son muchos, las blancas pueden devolver uno para avanzar sus peones, y luego mejorar su torre y su rey con, por ejemplo, 34.b4 (34.♖b1 es otra posibilidad) 34...♖xa2 35.b5 ♖b2 36.♔g1 ♔e5 37.♖f4!, seguido del traslado del monarca al flanco dama.

El joven conductor de las piezas blancas, Guillermo Vázquez, quien tenía entonces 13 años, se coronó campeón nacional de Paraguay batiendo el récord que poseía el GM Axel Bachmann con 14 años.

1-0

Vázquez, G. - Goiriz, D., Torneo Mayor, Asunción (5), 20.06.2010.

3 puntos para **27.♕d5+!**

Posición núm. 40

34...♗xe7?

Jugado con rapidez, ya que a simple vista es forzada, pues la recaptura de dama permite **35.♖c7,** pero esta defensa cede demasiado terreno y las blancas logran combinar con facilidad y fuerza, la influencia del ♘e6 sobre el monarca negro y el acoso al peón libre.

Lo correcto era 34...♕xe7!, a la pasiva 35.♔xg2? sigue 35... b3, y no es de temer 35.♖c7 por 35...♕xc7! (no 35...♕e8? por 36.♕h6) 36.♘xc7 b3 37.♘xa6 b2 38.♘xb8 b1=♕+ 39.♔xg2 ♕xb8, y son las blancas las que deben luchar por el empate.

35.♔xg2 ♕f7

Ahora es tarde para 35...b3 36.♕d4! ♕f7 37.♕a7 ♖e8 (o bien 37...♕e8 38.♖c7 b2 39.♖xe7 y mate) 38.♕b6 ♗d8 39.♕xb3 ♗xa5 40.♖c6, con superioridad abrumadora.

36.♕d4!

Impidiendo que la dama negra se active con 36...♕f5.

87

36...♗f6 37.♕xb4! ♖xb4 38.♖c8+ ♕e8 39.♖xe8+ ♔f7 40.♖f8+! ♔e7 41.♖a8

Y las blancas se impusieron en 61 jugadas.

"Desconfiad de las jugadas naturales", decía Richard Reti, y aunque descartar la retoma 34...♕xe7 fuera natural, fue también muy floja.

1-0

Mazara, A. - Franco, Z., III Iberoamericano, ciudad de México, 14.11.2010.

3 puntos para 34...♕xe7!

2 puntos extra por prever 35...♕xc7! ante 35.♖c7

Puntuación máxima: 49 puntos

Más de 44 puntos: Súper GM
42 a 44 puntos: 2.500 de Elo
38 a 41 puntos: 2.400 de Elo
34 a 37 puntos: 2.300 de Elo
29 a 33 puntos: 2.200 de Elo
24 a 28 puntos: 2.100 de Elo
18 a 23 puntos: 2.000 de Elo
10 a 17 puntos: 1.900 de Elo

Capítulo 4. El mundo de los finales

El buen manejo de los finales es una parte muy importante del juego, los más grandes jugadores de la historia han sido excelentes finalistas, entre los clásicos, los de mayor reconocimiento, Akiba Rubinstein y José Raúl Capablanca, pero todos los grandes campeones han descollado en este campo.

Tiene 12 posiciones para entrenar su habilidad en los finales.

Posición núm. 41

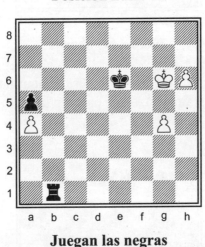

Juegan las negras

Las negras tienen su monarca cerca de los dos peones blancos libres, éstos están muy avanzados, pero si las negras controlan adecuadamente su avance, deberían ganar. ¿De qué manera?

Posición núm. 42

Juegan las negras

Este final muy posiblemente le resulte familiar, los peones blancos de más, tan avanzados, parecen garantizar la victoria, pero no es así. ¿Cómo?

Posición núm. 43

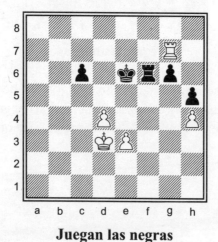

Juegan las negras

Las blancas no tienen ventaja material, pero amenazan jugar e4, progresar con su rey, etcétera, mientras que las negras están atadas a la defensa del peón de g6, y muy pasivas.

No extraña entonces que el conductor de las piezas blancas en el Informador 47, evaluara la posición como ganadora para las blancas.

No obstante, otra vez "las apariencias engañan". ¿Qué defensa encontró un mítico ajedrecista? No es sencillo, sino muy profundo.

Posición núm. 44

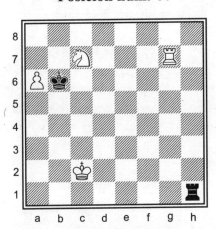

Juegan las blancas

Las negras acaban de jugar 58....♖a1–h1?, que es un error grave y pudo costarles la partida.

Es asombroso que si la torre se hubiera mantenido en la columna a, la posición sería tablas a pesar del caballo y el peón de ventaja blanco, pues las blancas no pueden mejorar la colocación de sus piezas, y no pueden progresar. ¿Cómo se gana ahora?

Posición núm. 45

Juegan las negras

Las blancas tienen una pieza de ventaja, y la victoria "es cuestión de tiempo", ¿o no? ¿Es posible sostener el final?

Posición núm. 46

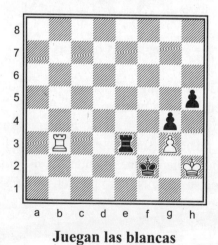

Juegan las blancas

Había 20 Grandes Maestros mirando este interesante final en el torneo abierto más fuerte del mundo, en la edición de 2007.

El "campeón mundial" de los entrenadores Mark Dvoretsky y el maestro Evgeny Tomashevsky se dieron cuenta de que con la defensa correcta de las blancas, se llegaba un final analizado por Keres, de Zugzwang mutuo.

Faltaba ver si el conductor de las piezas blancas estaba familiarizado con el mismo. Si tras la extenuante defensa que sufrió por la constante presión de su rival, lograba reaccionar con las defensas únicas. ¿Cómo es ésa única defensa?

Posición núm. 47

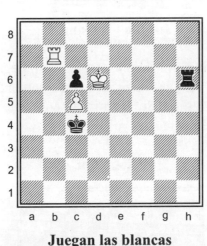

Juegan las blancas

El peón de c5 está perdido; sin embargo, las blancas tienen posibilidades defensivas, está claro que éste es un momento crítico. ¿A dónde debe retirarse el rey blanco?, ¿alcanza para empatar?

Posición núm. 48

Juegan las blancas

Las blancas tenían posición ganadora al llegar a un final con calidad de ventaja, pero las negras continuaron creando problemas y retrasando continuamente "lo inevitable", acercándose al empate. ¿Es ya tablas?

Posición núm. 49

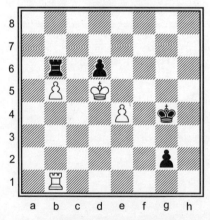

Juegan las blancas

Peter Doggers, editor de www.chessvibes.com, estaba filmando la sala de juego del torneo de Amber y de repente tuvo una idea interesante en esta posición para salvar el juego negro.

Doggers fue a la sala de análisis donde estaban Aronian, Nunn, Caruana y Ljubojevic mirando las partidas, y le preguntó a uno de los encumbrados maestros si no había alguna posibilidad de defensa con la idea que mencionó, pero su interlocutor no le dio esperanza.

Doggers no se desalentó con la negativa y analizó su idea con las computadoras y efectivamente: ¡eran tablas!

¿Qué oculta y profunda idea es ésa que alcanza para salvar la partida?

Posición núm. 50

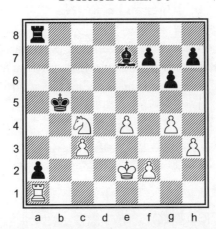

Juegan las blancas

Las negras obtuvieron una molesta iniciativa casi desde el comienzo de la partida, pero las blancas nunca tuvieron problemas serios.

Las negras sacrificaron un peón para obtener un peón pasado, el fuerte alfil más sus otras piezas activas garantizan que no corra riesgos.

Quien sí tiene algo de riesgo es el blanco, pero impedir que el rey negro se infiltre parece sencillo. ¿Cómo defenderse?

Posición núm. 51

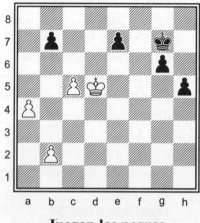

Juegan las negras

Las negras tienen un peón de ventaja, pero parece estar peor que su rival en la carrera de peones, pues su monarca está muy alejado. Sin embargo, la situación se aclara muy pronto. ¿Cómo?

Posición núm. 52

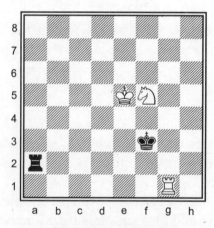

Juegan las blancas

El final de torre y caballo contra torre es tablas 99% de los casos. ¿Pertenece éste al 1% restante?

Soluciones

Posición núm. 41

65...♖b4?

No se gana así, las negras ganan otro peón, pero no impiden el progreso de los infantes blancos.

Lo correcto era **65...♔e7!**, (amenazando 66...♔f8), **66.h7 ♖h1 67.♔g7**. ¿Y ahora? 67...♖g1!! (una hermosa jugada que es única para ganar), 68.h8=♕ ♖xg4+ 69.♔h7 ♖h4+ 70.♔g7 ♖xh8 71.♔xh8 ♔d6, ganando.

66.g5 ♖xa4

Ahora tiene un problema extra, con puntuación.

Tapando el texto siguiente intente salvar el juego de las blancas. ¿Cómo es tablas?

67.h7?

En este tipo de finales, por lo general, avanzar el peón más adelantado no es lo más fuerte, muchas veces es preferible que el monarca apoye antes a sus peones, en este caso esa regla general se cumple.

Hacía tablas 67.♔h7!, veamos por ejemplo 67...♖g4 68.g6 a4 69.g7 a3 (o bien 69...♔f7 70.g8=♕+ ♖xg8 ahogado) 70.g8=♕+ ♖xg8 71.♔xg8 a2 72.h7 a1=♕ 73.h8=♕ y tablas.

67...♖h4

Ahora la carrera se define en favor de las negras.

68.♔g7 a4 69.g6 a3 70.♔f8

Como es sabido, con el peón b contra la dama no hay defensa tras **70.h8=♕ ♖xh8 71.♔xh8 a2 72.g7 a1=♕**, etcétera.

70...♖f4+ 71.♔g8 ♖a4

En 1878 Zukertort se nacionalizó inglés y venció en el torneo de París, empatado con Winawer, confirmando que estaba en un periodo ascendente de su carrera, que lo llevó en 1886 a la disputa infructuosa del título mundial con Steinitz, de la cual hablamos antes.

0-1
Clerc, A. - Zukertort, J., París (11), 22.07.1878.

2 puntos por **65...♔e7!**
2 puntos por tener calculado **67... ♖g1!!**
3 puntos para 67.♔h7!

Posición núm. 42

51...♔xd4!

También valía 51...♖a5! 52.d5 ♖xb5 53.d6 y ahora la sorprendente 53...♖b4!!, para 54...♖f4.

52.♖xf2 ♖xf2 53.a7

Era posible 53.b6

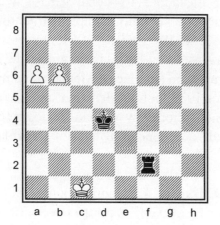

¿No se dice que dos peones unidos en sexta ganan siempre contra una torre?...

Casi siempre sí, pero no en este caso, por la inusual situación de los reyes, muy favorable al bando débil, veamos la línea indicada por Kmoch en el libro del torneo: **53...♚c3 54.♔d1 ♚d3 55.♔e1 ♚e3!! 56.b7 ♜h2 57.♔f1 ♚f3 58.♔g1 ♜h8 59.a7 ♜g8+! 60.♔f1 ♜h8 61.♔e1 ♚e3 62.♔d1 ♚d3 63.♔c1 ♚c3 64.♔b1 ♜h1+ 65.♔a2 ♜h2+ 66.♔a3 ♜h1! 67.♔a4 ♚c4 68.♔a5 ♚c5** y tablas.

Lo sucedido en la partida es similar.

53...♜a2 54.b6 ♚c3! 55.♔b1 ♜a6!

55...♜a4! y 55...♜a5! con la misma idea, también valen.

56.b7 ♜b6+! 57.♔c1 ♜h6!

Y como vimos, el rey blanco no puede escapar.

El maestro austríaco-argentino Erich Eliskases (Innsbruck, 15 de febrero de 1913 - Córdoba, 15 de febrero de 1997), fue uno de los mejores jugadores del mundo en la década de los treinta.

Tras la olimpiada de 1939, a causa del estallido de la Segunda Guerra Mundial, no volvió a Europa, vivió en Brasil y Argentina.

En 1951 se trasladó a Córdoba, y pasó a representar a Argentina, integró el equipo olímpico argentino en cuatro ocasiones: 1952, 1958, 1960 y 1964; anteriormente había representado a Austria en las citas olímpicas de 1930, 1933 y 1935, y tras la anexión austríaca a Alemania, compitió por ésta en Buenos Aires 1939, donde Alemania salió campeona.

Hablaba cinco idiomas y es uno de los pocos maestros (cuatro en total) que vencieron tanto a Capablanca como a Fischer.

½-½

Keres, P. - Eliskases, E., Noordwijk (4), 1938.

2 puntos por 51...♔xd4!, 1 punto por 54...♔c3!

2 puntos por 51...♖a5! y **1 punto** extra por 53...♖b4!

Posición núm. 43

Cuando estaba retirado, Fischer se encontró con varios de los mejores jugadores del mundo en muchas ocasiones; en 1990 Timman tuvo la ocasión de charlar con Fischer en Bruselas, y además de otros temas, hablaron de ajedrez, Timman recordó esta posición como una de las que le mostró Fischer.

46...♔d6?

Ésta fue la elección de Portisch, y tras:

47.e4

Ahora sí, a pesar de la igualdad material, las negras están efectivamente perdidas.

47...♖f4 48.e5+ ♔e6 49.♖xg6+ ♔d7 50.♔c4 ♖f1

A 50...♖xh4 gana 51.♖d6+ (o también 51.♔c5), 51...♔c7 52.♔c5, etcétera.

51.♖h6 ♖c1+ 52.♔d3 c5 53.d5 c4+ 54.♔d2 ♖h1 55.♖h7+ ♔e8 56.♖xh5 ♖h3 57.♔c2

Sin embargo, con 46...c5!, como señaló Fischer, para dañar la estructura blanca, era posible alcanzar el empate.

La línea **47.dxc5 ♔d5** es claramente tablas.

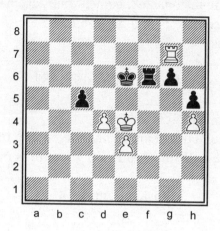

47.♔e4 "es la movida crucial" (Timman), la línea principal mostrada por Fischer, donde es necesario evaluar con precisión un final de peones con inferioridad material, es: 47...cxd4 48.exd4 ♔d6 49.d5 ♔c5 50.♖c7+ ♔d6 51.♖c6+ ♔e7 52.♖xf6 ♔xf6 53.♔f4.

53...♔f7! 54.♔e5 (o bien 54.♔g5 ♔g7 55.d6 ♔f7 56.d7 ♔e7 57.♔xg6 ♔xd7 58.♔xh5 ♔e7 59.♔g6 ♔f8 y tablas), 54...♔e7 55.d6+ ♔d7 56.♔d5 g5! y el peón de h5 corona con jaque.

"Un análisis impresionante", comentó un fascinado Timman, sigamos un poco más, 57.hxg5 h4 58.g6 h3 59.g7 h2 60.g8=♕ h1=♕+ y tablas.

1-0

Karpov, A. - Portisch, L., Linares, 1989.

4 puntos para 46...c5!

Si evaluó con corrección el final de peones resultante tras 47...cxd4, tiene toda mi admiración y **5 puntos** más.

Posición núm. 44

59.♔b2?

Como indicó Kramnik, ganaba la jugada de final artístico 59.♖g8!, con idea de 60.♖b8+; naturalmente esto no era posible con la torre negra en la columna a, pues las negras capturarían el caballo.

Veamos por ejemplo:

(a) **59...♖h2+ 60.♔d3 ♖h3+ 61.♔e2 ♖h2+ 62.♔f3 ♖h3+ 63.♔g2 ♖a3**, las negras han logrado alejar al rey blanco y amenaza capturar el caballo, pero ahora las blancas, gracias a la táctica, pueden reagruparse con éxito: 64.♘d5+! ♔c5 (claro que 64...♔xa6?? pierde por 65.♖a8+, mientras que en caso de 64...♔a7 65.♘b4, y el caballo defiende al peón de a6 desde una posición mejor, lo que garantiza la victoria blanca).

65.♖g5!, y las blancas logran "desenroscar" sus piezas, e imponer su ventaja material, el peón es intocable y si el rey negro lo permite el caballo podrá defender su peón desde b4; el monarca negro tampoco puede alejarse, pues se podría cortar su vuelta y con el rey lejos, sin acceso a b6 o a7, entonces ♘c7 también ganaría.

Las negras están indefensas, sólo falta que el rey blanco acuda a ayudar, veamos por ejemplo: 65...♖a2+ 66.♔f3 ♖a3+ 67.♔e2 ♖a2+ 68.♔d3 ♖a3+ 69.♔c2 ♖a2+ (a 69...♔d4 sigue 70.♘b4), 70.♔b3, etcétera.

Tampoco defienden 65...♔d6 por 66.♘b4, 65...♔c4 por 66.♘c7 ni 65...♔b5 debido a 66.♖g6 ♔c5 67.♘c7, llegando al escenario comentado anteriormente.

b) Es curioso lo sucedido cuando Kramnik analizó 59...♖h7 60.♖b8+.

Parece muy claro que a 60...♔xc7 gana 61.a7 o 61.♖b7+.

En esta línea a 60...♔a7 sigue naturalmente 61.♖b7++, muy sencillo, pero es asombroso cómo la extrema tensión y el cansancio de la sexta hora provocan alucinaciones en maestros tan fuertes.

En sus cálculos sobre esta línea Kramnik olvidó que a8 estaba cubierto por el ♘c7, y creyó que Kasparov podía jugar 61...♔a8, y luego hacer tablas con la "torre suicida", que recordamos utilizó Evans ante Reshevsky en uno de nuestros primeros problemas.

Por último, tampoco salva c) 59...♖a1 por 60.♘d5+! ♔c5 (o 60...♔a7 61.♘b4) 61.♖g5!, etcétera, aquí las blancas, como en otras posiciones que vimos antes, han logrado coordinar bien sus fuerzas, gracias al descubierto que defiende indirectamente el peón.

Nada de esto era posible antes del error 48...♖a1–h1??

59...♖h8!

Con la salvadora idea **60... ♖c8.**

60.♔b3 ♖c8 61.a7 ♔xa7

Sólo en posiciones especiales, como una que veremos más adelante, una torre y un caballo ganan contra una torre, ésta no es una de ellas.

104

62.♔b4 ♔b6 63.♘d5+ ♔a6 64.♖g6+ ♔b7 65.♔b5 ♖c1 66.♖g2 ♔c8 67.♖g7 ♔d8 68.♘f6 ♖c7 69.♖g5

69.♖g8+ ♔e7 70.♘d5+ ♔f7 tampoco da nada.

69...♖f7 70.♘d5 ♔d7 71.♖g6 ♖f1 72.♔c5 ♖c1+ 73.♔d4 ♖d1+ 74.♔e5

A pesar de desperdiciar sus oportunidades aquí, Kramnik derrotó a Kasparov por 8½ a 6½ en Londres 2000, en lo que fue una de las más grandes sorpresas de los *matches* por el título mundial (aunque éste no fue un duelo oficial), sorprendentemente Kasparov no pudo vencer en ninguna de las 15 partidas del duelo, y Kramnik venció inobjetablemente.

½-½

Kramnik, V. - Kasparov, G., Londres (m/4), 2000.

3 puntos para 59.♖g8!

Posición núm. 45

38...♖xd1+!!

Las negras se salvan con esta curiosa "carambola" explotando la desafortunada posición de las piezas blancas.

39.♔xd1 ♔f7!

Con la doble amenaza al ♗g7 y al peón de g4, y así las negras alcanzan el empate.

40.♖xh6 ♗xg4+

Gracias a este ingenioso empate Levon Aronian finalmente compartió el primer puesto del torneo de Wijk aan Zee 2007, patrocinado entonces por Corus, con Teimour Radjabov y Veselin Topalov.

½-½

Van Wely, L. - Aronian, L., Corus Wijk aan Zee (10), 24.01.2007.

3 puntos para 38...♖xd1+!!

Posición núm. 46

74.♖b4!

Defiende indirectamente el peón y amenaza capturar en h5; el innecesario jaque 74.♖b2+? pierde tras 74...♔f3 seguido de ...♖e2+

74...h4! 75.♖f4+!

Jaque intermedio vital. Es mala **75.♖xg4?** debido a **75...** hxg3+ 76.♔h3 ♖f3! y las blancas pierden, porque a cualquier jugada de torre en la columna g, como por ejemplo 77.♖g8 sigue 77...♖f7! ganando.

75...♖f3 76.♖xg4 hxg3+ 77.♔h3

Y llegamos a la misma posición, pero tocándole jugar a las negras; veremos que es muy diferente, las negras primero dan vueltas y luego se retiran por la columna f.

Claro que no sirve avanzar el peón pues se pierde tras 78.♔h2.

77...♖e3 78.♖g8 ♖d3 79.♖g7 ♖f3

80.♖g4!

Única, volviendo a la posición ya vista.

80...♖f8

Con la mortal amenaza **81...♖h8+**

Y aquí la causa por la que es necesaria tener la torre en g4:
81.♖f4+!
Como ya lo decía Keres.
81...♕xf4
½-½
Novikov, St. - Jakovenko, D., Aeroflot, Moscú (6),
19.02.2007.

3 puntos para **74.♖b4!**, **3 puntos** para **75.♖f4+!** y **1 punto**
por **81.♖f4+!**

Posición núm. 47

85.♔e5?
Las blancas eligieron la jugada aparentemente "normal",
que es acercar el rey hacia una zona defensiva, pero que es
perdedora.
Era tablas manteniendo al rey activo, presionando el peón
de c6 con **85.♔d7!** y tras **85...♔xc5...**

Activar la torre con **86.♖b1!**, para dar jaques desde la
retaguardia, y cuando el rey negro se aleje, volver a atacar el

peón con la torre, de esa manera las blancas impiden que su material de ventaja se valorice, veamos: 86...♖h7+ 87.♔e6 ♖h6+, las blancas deben volver con 88.♔d7! y las negras no pueden progresar.

De modo similar hace tablas 85.♔c7! ♔xc5 86.♖b1, etcétera.

85...♔xc5 86.♔e4

Si ahora **86.♖b1** las negras cortan al rey blanco y se hacen una "cortina" con 86...♖h4! 87.♖c1+ ♖c4 88.♖b1 ♖b4 89.♖c1+ ♔b5, etcétera.

Se ve claramente que el rey blanco no tiene ninguna función positiva en e5, y sí la tendría en d7 o c7, al impedir esta maniobra, pues tras el cambio de torres caería el peón negro.

86...♔c4! 87.♔e3 ♔c3

Otro método típico es cortar al rey defensor horizontalmente con **87...♖h2 88.♖b1 ♖c2!,** seguido de ...c5, pero no 88...c5?? 89.♖c1+ ♔b4 90.♔d3 y tablas.

88.♖c7 ♖e6+

Las negras logran expulsar en dos columnas al rey blanco, lo que casi siempre es ganador, aquí las condiciones son tan favorables que bastaba tenerlo alejado en una sola columna.

89.♔f4

¿Y ahora? ¿Cómo progresar?

89...♔c4!

El rey vuelve para apoyar el avance del peón, también valen **89...♔d4 y 89...♔b4**

90.♔f5 ♖h6 91.♔e4 c5 92.♔e3 ♖d6!

La otra jugada correcta es 92...♖h2!, por las mismas razones por las que era acertada 87...♖h2!

93.♔e2 ♔b4 94.♖b7+ ♔c3 95.♖b1 ♔c2 96.♖a1 ♖e6+ 97.♔f3 c4

En 2007 las "Estrellas Emergentes" se impusieron a los "Grandes Maestros Experimentados" por 26½ a 23½, gracias a una victoria por 3½ a ½ en la última jornada.

Sergey Karjakin, entonces un ucraniano de 17 años, fue el mejor de los jóvenes con 7 sobre 10 puntos, y se clasificó para el torneo Amber de 2008.

0-1

Ljubojevic, L. - Smeets, J., NH Ámsterdam (3), 24.08.2007.

3 puntos para **85.♔d7** y **3 puntos** para 83.♔c7!

1 punto para 86.♖b1! tras cualquiera de las 2 jugadas salvadoras.

Posición núm. 48

64.b5??

Un desanimado Wang por la tenacidad de Domínguez creía que la posición ya era tablas; sin embargo, tras la sencilla **64.♔d3! e1=♕ 65.♖xe1 ♔xe1 66.♔e3! ♔f1 67.♔f4,** las blancas ganan.

64...e1=♕ 65.♖xe1

El vencedor del Mtel Masters de Sofía 2009, de categoría XXI, fue Alexei Shirov, con 6½ puntos sobre 10, superando en medio punto a Magnus Carlsen y Veselin Topalov.

½-½

Wang Yue - Domínguez Pérez, L., 5o MTel Masters Sofía (1), 13.05.2009.

2 puntos para 64.♔d3! y **1 punto** extra para 66.♔e3!

Posición núm. 49

65.e5?

No es ésta la hermosa maniobra encontrada con la que Doggers volvió y se la mostró a los asombrados maestros logrando sus "15 segundos de fama Amber", según sus propias palabras, se inicia con 65.♖g1! y las blancas empataban, veamos: 65...♔f3

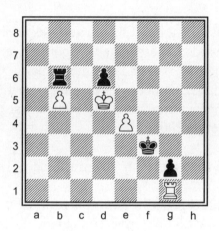

66.♔e6! ♔f2 (o bien 66...♔xe4 67.♖xg2 d5+ 68.♔d7 ♖xb5 69.♔c6 llegando a un final teórico de tablas de defensa no muy difícil.) 67.♖a1 d5+ (a otra jugada las blancas pueden esperar con ♖c1–a1, o bien jugar ♔d7–c7), 68.♔xd5 ♖xb5+ 69.♔d6 g1=♕ 70.♖xg1 ♔xg1 71.e5 y el peón blanco garantiza el empate, pues el rey negro está muy lejos.

65...dxe5 66.♔xe5 ♖xb5+ 67.♖xb5 g1♕ 68.♖b4+ ♔g5 69.♖b5 ♕e3+

Grischuk jugó la siguiente fase ¡a ciegas! de modo impecable.

70.♔d6+ ♔f6 71.♖c5 ♕e6+ 72.♔c7 ♔e7 73.♖h5 ♕d7+ 74.♔b6 ♕d4+ 75.♔c7 ♕f4+ 76.♔b6 ♔d6 77.♖b5 ♕a4 78.♖g5 ♕d4+ 79.♔b7 ♕e4+ 80.♔a6 ♔c6 81.♔a5 ♕b1 82.♖h5 ♕e1+

0-1

Karjakin, S. - Grischuk, A., 19º Amber (a ciegas), Niza (8), 21.03.2010.

4 puntos para 65.♔g1! y 2 puntos para **66.♔e6!**

Posición núm. 50

46.♘e3?

Es notable que esta natural jugada "centralizadora" sea un error irreparable.

46.♘d2? ♗f6 47.♔d3 ♖a3 tampoco era suficiente para igualar.

Las blancas conseguían mantener a raya a las piezas negras con la "fea" pero efectiva 46.♘b2! con idea de llevar el rey a c2 (y si se puede b3, amenazando capturar el peón de a2); las negras pueden jugar ...♖a3, pero con el rey en c2 las blancas ya pueden mover su caballo con más libertad, y a ...♔c4 expulsar al rey negro con ♘b2+ o ♘e3+.

Veamos un ejemplo: 46...♗c5 47.f3 g5 48.♔d3 ♗d6 49.♔c2 ♖a7 50.♔b3 ♖a3+ 51.♔c2 ♗e5 52.♘d1 (amenazando ♔b2), 52...♔c4 53.♘e3+ ♔b5 54.♘d5 o 54.♘d1, etcétera.

46...♗c5!

Y con el cambio de piezas menores el rey blanco no llega a tiempo para impedir la infiltración del rey adversario.

47.♔d3 ♗xe3! 48.fxe3

48.♔xe3 ♔c4 49.♔d2 ♔b3 es aún más sencillo.

48...f6!

Las negras pueden perder tiempos hasta que el rey blanco deje paso; es importante que aún perdiendo el peón de a2, las negras se impongan porque la lejanía del rey blanco permite a las negras capturar casi todos los peones blancos.

49.h4 h5!

Evita que las blancas fijen la estructura y desvaloricen los peones negros con 50.g5.

50.gxh5

Tras 50.g5 fxg5 51.hxg5 h4 el nuevo peón libre negro decide.

50...gxh5 51.♔c2 ♔c4 52.♔b2 ♖b8+ 53.♔c2

53.♔xa2 ♖a8+ 54.♔b2 ♖xa1 lleva al escenario descripto, que las blancas sólo pueden postergar.

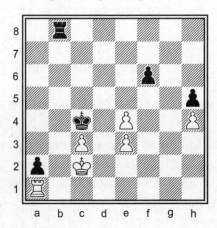

¿Y ahora? Gane un punto extra sin mirar el texto que sigue.

53...♖g8!

Y se acabó la resistencia.

54.♖xa2 ♖g2+ 55.♔b1 ♖xa2 56.♔xa2 ♔xc3 57.♔b1 ♔d2

Esta partida fue vital para el desenlace del torneo, con esta victoria Gashimov alcanzó a Vallejo y finalmente se impuso por mejor desempate.

0-1

Vallejo Pons, F. - Gashimov, V., 53º Reggio Emilia (7), 04.01.2011.

2 puntos para **46.♘b2!**

2 puntos más si usted descartó **46.♘e3?** por **46...♗c5!**, con idea de eliminar el caballo y llegar al final de torres ganador.

1 punto para **53...♖g8!**

Posición núm. 51

51...♔f7!

Falla 51...h4? por 52.♔e4! seguido de 53.c6 bxc6 54.a5, y el rey negro no entra en el cuadrado del peón a.

De fuerza similar era 51...♔f8!

52.a5

Pierde también 52.c6 bxc6+ 53.♔xc6 h4, etcétera.

52...♔e8!

No **52...h4?** por **53.c6! h3 (53...bxc6+ 54.♔e4!) 54.cxb7 h2 55.b8=♕ h1=♕+ 56.♔c4** y la ventaja pasó a las blancas.

53.c6 ♔d8!

¡Éste es el rey que estaba en g7!

No 53...bxc6+? 54.♔xc6 ♔d8 55.a6 ♔c8 56.a7, etcétera.

54.♔c5

La clave de todo es que las negras se imponen tras **54.cxb7 ♔c7,** es curioso que los programas tarden en ver que los tres peones negros se imponen, aún no captan con rapidez el Zugzwang en que las blancas caen, veamos por ejemplo: 55.a6 h4 56.♔e4 g5 57.♔f3 h3 58.♔g3 g4 59.b4 e5 60.b5 e4 61.b6+ ♔b8 62.♔h2 e3, y los peones blancos no tienen fuerza, mientras que alguno de los negros corona.

54...♔c7 55.cxb7 ♔xb7 56.b4 h4 57.b5 h3 58.a6+ ♔a7 59.♔c6 h2

Este torneo disputado en Asunción, Paraguay, se realizó en homenaje al maestro Victorio Riego Prieto, fallecido en 2009, quien fue campeón nacional paraguayo en tres ocasiones, integrante del equipo nacional en varias oportunidades, dirigente y docente.

0-1

Larrea, M. - Villalba, M., I Memorial Victorio Riego Prieto Asunción (7), 11.01.2011.

2 puntos para **51...♔f7!** y **2 puntos** para **51...♔f8!**

Posición núm. 52

Así es, estamos en el 1%, este último problema de la sección de finales es el más sencillo del libro.

Usted habrá castigado con facilidad el error negro provocado por el cansancio, que fue 93...♔g4–f3??, cuando las otras dos jugadas legales 93...♔h3 y 93...♔h5 hacían tablas.

La búsqueda de la victoria hasta agotar todos los recursos era un rasgo característico de Robert Fischer en el pasado, y lo es de Magnus Carlsen en la actualidad.

94.♘h4+!

La torre cae tras **94...♔e3 (o 94...♔f2 95.♖g2+), 95.♖g3+! ♔d2 96.♖g2+**, etcétera.

Ya vimos en la posición núm. 44, un final tablas con este material.

Otra conocida partida que culmina con victoria de la torre y el caballo es Polgar – Kasparov del torneo de Dos Hermanas, 1996.

Kasparov llegó a una posición ganadora ya analizada por Centurini en 1850.

El abogado, dedicado a la economía política y administrativa, Luigi Centurini (Génova, Italia, 24 de abril de 1820 - 10 de noviembre de 1900), fue uno de los más profundos analistas de finales.

Hay un club de ajedrez en su ciudad natal que lleva su nombre.

1-0

Carlsen, M. - L'Ami, E., 73º Tata Steel Wijk aan Zee, 20.01.2011.

1 punto para 94.♘h4+!

Puntuación máxima: 53 puntos

Más de 46 puntos: Súper GM
44 a 46 puntos: 2.500 de Elo
40 a 43 puntos: 2.400 de Elo
36 a 39 puntos: 2.300 de Elo
31 a 35 puntos: 2.200 de Elo
26 a 30 puntos: 2.100 de Elo
20 a 25 puntos: 2.000 de Elo
10 a 19 puntos: 1.900 de Elo

Capítulo 5. Posiciones complejas

Llegamos al último capítulo, que reúne a las 12 posiciones más difíciles de resolver y que requerirán una dedicación mayor.

Posición núm. 53

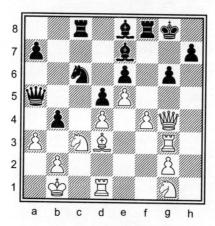

Juegan las blancas

El estadounidense Larry Evans mostró muy pronto el inmenso talento que tenía, en la continuación del juego "Ya luce el sello del maestro", señalaron Tartakower y Du Mont, añadiendo: "La casilla g6 de las negras aparece suficientemente protegida y el juego de las blancas parece estar comprometido".

Ambos reyes están sufriendo una fuerte embestida y hay que apresurarse en la ofensiva, pero también ser preciso. ¿Cómo condujeron las blancas el ataque?

Posición núm. 54

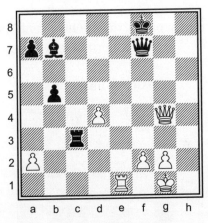

Juegan las blancas

Las blancas tienen una posición ganadora. ¿Puede indicar de qué manera se gana?

Posición núm. 55

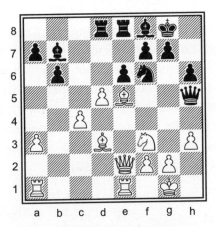

Juegan las blancas

Las blancas eligieron **23.♗xf6** y la partida terminó en tablas en la jugada 88. Indique qué posibilidad pasó desapercibida a las blancas.

Posición núm. 56

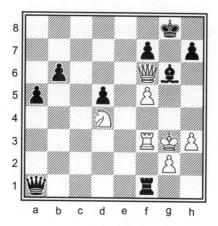

Juegan las blancas

Las negras tienen dos peones de ventaja, pero sus piezas están peligrosamente alejadas del flanco rey.

Es la eterna lucha entre ventajas permanentes como la material, frente a una ventaja momentánea, que es el ataque, ésta puede ser efímera y hay que aprovechar el momento. ¿Cómo?

Posición núm. 57

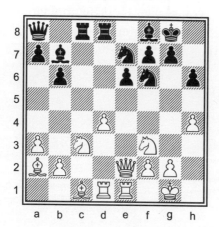

Juegan las blancas

El campeón del primer Torneo Iberoamericano, el cubano Lázaro Bruzón, aprovecha la mejor colocación de sus piezas con un típico ataque basado en su peón d aislado. ¿Cómo es?

Posición núm. 58

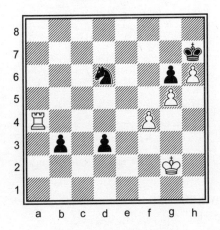

Juegan las blancas

La sala de prensa comenzó a llenarse de comentarios escandalizados por la falta de respeto del conductor de las piezas negras al seguir una posición obviamente perdida.

Sin embargo, con el cansancio acumulado, tras una partida tan larga, es posible cometer errores, incluyendo a los mejores jugadores del mundo. ¿De qué "obvia" manera ganaban las blancas?

Posición núm. 59

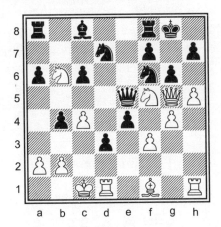

Juegan las negras

En esta posición tan compleja las blancas tienen dos peones de menos, pero una posición muy amenazante contra el rey negro.

Las blancas acaban de jugar la sorpresiva 19.♘b6, que es tanto un ataque a la torre de a8 como un ataque indirecto al rey negro. ¿Cómo defenderse?

Posición núm. 60

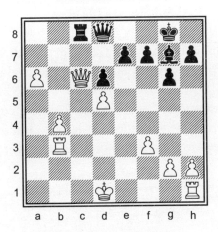

Juegan las blancas

Las blancas, que tenían 300 puntos de Elo menos que su rival, habían rechazado el empate por repetición de jugadas unos movimientos atrás y ahora tienen ventaja decisiva, no sólo por la calidad y el peón de más, sino también por la fuerza de sus peones libres, la única esperanza está en que las blancas se precipiten y la ausencia de la ♖h1 se haga notar.

¿Cómo concretar la superioridad? ¿Es el momento de jugar combinativamente con 37.a7? ¿O es mejor esperar?

Posición núm. 61

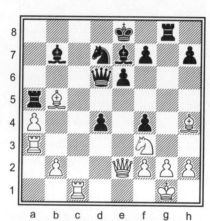

Juegan las blancas

El joven ucraniano, GM Yaroslav Zherebukh, de 16 años, se impuso sorpresivamente en el 26º abierto de Cappelle la Grande de 2010, con un *rating performance* de 2.734 puntos.

Como casi siempre, "la suerte de los campeones" hizo su presencia, y ayudó al vencedor, en la posición del problema, el negro pudo pasar por muchas dificultades. ¿De qué manera?

Posición núm. 62

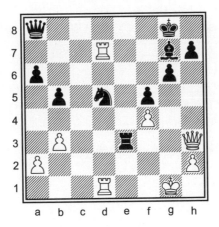

Juegan las blancas

Estamos en una situación crítica, donde la definición de la partida puede ser casi inmediata, y todo indica que en favor de las blancas.

Su dama está atacada, pero una vez retirada, la caída del ♘d5 parece inevitable, pues no puede retirarse a causa de 34.♖d8+

Analice e indique por cuál de las tres jugadas posibles se inclinaría: a) 33.♕g2, b) 33.♕h4, o c) 33.♕f1.

Posición núm. 63

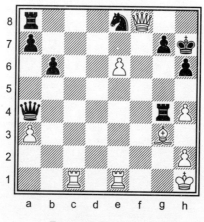

Juegan las negras

La posición es muy compleja, ambos reyes están expuestos pero la diferencia de actividad a favor de las blancas es notoria.

Las negras están "en la cuerda floja" y deben defenderse con precisión. ¿Cómo se defendería usted?

Posición núm. 64

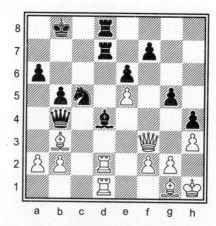

Juegan las negras

Las blancas acaban de jugar 26.♗g1!, con "Rayos X" sobre el ♗d4, a largo plazo, las negras deben defenderse. ¿De qué manera?

Soluciones

Posición núm. 53

Como señalaron los comentaristas, las negras parecen tener bien defendido g6 y la apertura de líneas sobre el rey blanco garantiza contrajuego a las negras.

Por ejemplo, luego de 22.axb4? ♘xb4 23.♕xe6+? ♗f7 24.♕xe7 ♖xc3! las negras salen mejor paradas.

22.♕xe6+? ♗f7 tampoco es aceptable.

22.♘f3!! bxa3?

A pesar de todo, 22...bxc3! era la mejor defensa, la posición es muy difícil de calcular ante el tablero e incluso con la ayuda de módulos de análisis.

Podría seguir la asombrosa combinación de la partida, **23.♕xe6+ ♗f7 24.♗xg6!!** y aquí pierde 24...♗xe6? 25.♗xh7+ ♔h8 26.♖h1, etcétera.

Pero tras mucho dudar, los módulos sugieren la fantástica línea 24...♕b6! 25.♗xh7+ ♔h8 26.b4 ♗xe6 27.♖h1 y parece no haber defensa, pero aparecen los fuegos de artificio defensivos, las negras parecen defenderse tras 27...♗h4! 28.♗d3 c2+ 29.♔c1 ♖xf4 30.♘xh4 ♗g4! 31.♘g6+ ♔g7 32.♘xf4 ♘xe5 33.dxe5 y aquí 33...♔f8!

Nada de esto desmerece el extraordinario ingenio del conductor de las piezas blancas.

23.♕xe6+ ♗f7

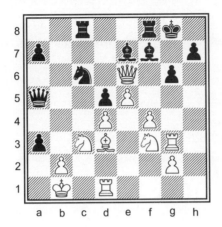

24.♗xg6!!

"¡Una concepción magnífica!" (Tartakower y Dumont).

24...axb2

Si ahora **24...♗xe6 sigue 25.♗xh7+ ♚h8 (o bien 25...♚f7 26.♗g6+ ♚g7 27.♗e8+** y mate.) 26.♖h1 a2+ 27.♚a1 ♖xf4 28.♗f5+ ♚h4 29.♘xh4 ♖f1+ 30.♖xf1 con mate en pocas jugadas, mientras que a **24...♛b6** puede seguir 25.♗xh7+ ♚h8 26.♘a4!, etcétera.

25.♗xh7+!

Lo más preciso, si bien ya había más caminos acertados.

25...♚h8 26.♛h6 ♛a1+ 27.♚c2 b1=♛+

Tras **27...♘b4+ 28.♚d2** no hay defensa para las negras.

28.♖xb1 ♘b4+ 29.♚d1

"¡Un final inspirado! Una característica notable del ajedrez contemporáneo es el gran número de jugadores muy jóvenes que muestran sobresalientes aptitudes prometedoras en todo el mundo.

Nadie podría pensar que el ganador de esta partida, que estaba jugando con jugadores de primer nivel de los Estados Unidos, tenía sólo 15 años". (Tartakower y Dumont).

1-0
Evans, L. - Pilnik, H., Nueva York, 1947.
4 puntos para **22.♘f3!!** y **2 puntos** más si previó **24.♗xg6!!**

Posición núm. 54

33.♖e5?
Una trasposición que pierde medio punto.
33.♕g5! era decisiva, controla c1 y amenaza 34.♕d8+ ♔g7 35.♖e7, veamos:

a) 33...♖c7 34.♖e5! (amenazando 35.♖f5), 34...♗c8 35.♕h6+ ♕g7 36.♕d6+ ♔g8 (a 36...♖e7 sigue 37.♕d8+) 37.♕d8+ ♔h7 38.♖h5+ ♔g6 39.♖g5+, etcétera.

b) Alejarse con 33...♕c4 naturalmente pierde: 34.♕e7+ ♔g8 35.♕e8+ ♔g7 36.♖e7+ ♔f6 37.♕f8+ y mate.

c) A 33...♖c8 también decide 34.♖e5 y no hay buena defensa contra ♖f5, si 34...♕g7 sigue 35.♕f4+ ganando igualmente la dama.

d) Contra 33...♗c6 el remate es similar: 34.♖e5! ♗d7 35.♕d8+ ♗e8 (o bien 35...♔g7 36.♖e7) 36.♕d6+ ♔g8 37.♖g5+ ♔h8 38.♕h6+ y mate.

Es más "Fritziana" y menos humana, pues la dama se aleja, 33.♕h4!, pero es también ganadora y tal vez más precisa, pues además de la mencionada 34.♕d8+, también amenaza 34.♕h8+ ♕g8 35.♖e8+, y lleva al mismo resultado.

33...♖c1+ 34.♔h2 ♖c6!
Y las negras han logrado reorganizar su defensa.
35.♕h4 ♕f6 36.♕xf6+ ♖xf6 37.♖xb5 ♗c6 38.♖a5 ♖xf2 39.d5 ♖f5 40.♖xa7 ♗xd5
Y se acordó tablas.

Esta partida pertenece al match entre el campeón olímpico, URSS, y el subcampeón, Argentina, disputado en el Teatro Cervantes de Buenos Aires 1954, la URSS se impuso por 20½ a 11½, Julio Bolbochán empató 2 a 2 con Paul Keres.

½-½

Bolbochán, J. - Keres, P., Match Argentina *vs* URSS, Buenos Aires (1), 1954.

3 puntos para **33.♕g5!** y **3 puntos** para 33.♕h4!

Posición núm. 55

El croata Kozul descubrió luego de la partida que disponía de 23.♕f1!!, sacando provecho de la incómoda posición de la dama negra; se amenaza ganar con 24.g4. Veamos:

a) 23...♘h7 24.g4 ♘g5 25.gxh5 ♘xf3+ 26.♔g2! (26.♔h1? sería un error grave, el rey quedaría muy mal colocado tras 26...exd5 y desaparecería toda la ventaja.) 26...♘xe1+ (claro que a 26...exd5 sigue 27.♔xf3) 27.♖xe1 exd5 28.♔g1, y hay muy poco material por la dama.

b) Tampoco defiende 23...♘d7 24.g4 ♘xe5 25.♖xe5!, y la dama negra no tiene escape.

c) Ni 23...exd5 24.♗xf6! ♖xe1 25.♖xe1 gxf6 26.g4, etcétera, otra vez copando la dama.

Kozul, Z. - Ivanchuk, V., 7º Campeonato de Europa por Equipos, Kusadasi (7), 10.04.2006.

4 puntos para 23.♕f1!!

Posición núm. 56

39.fxg6?

Las blancas dejaron pasar (por segunda vez) una complicada forma de ganar. Era decisivo 39.♕d8+! ♔g7 40.f6+ ♔h6

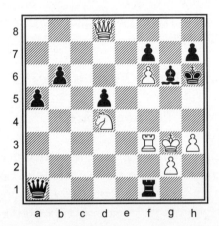

Y aquí la idea, que posiblemente se le escapó a las blancas, eliminar la ruta de escape del rey negro con 41.♔h4!!, y ahora tras 41...♕xd4+ 42.g4 y no hay defensa contra las amenazas 43.♕f8++ y 43.g5++, pues a 42...♕b4 sigue 43. ♕f8+! ♕xf8 44.g5++

Si las negras juegan 41...♕e1+, luego de 42.g3 ♕e4+ 43.g4 ♕e1+ 44.♖g3, no hay defensa adecuada ante 45.♕f8++ o 45.g5++

39...♖xf3+ 40.♕xf3

Era similar 40.gxf3 hxg6 donde la exposición del rey blanco, y los tres peones por la pieza, le impiden intentos serios de victoria.

40...♕e1+

A 40...♕xd4?? sigue 41.♕xf7+ ♔h8 42.♕xh7++

41.♔f4

O bien **41.♔h2 ♕e5+ 42.g3 hxg6** que tampoco era prometedor.

41...hxg6 42.♕xd5 ♕f2+ 43.♘f3

Y ante **43...♕xg2** se acordó tablas, al mismo resultado se hubiera llegado tras 43.♔e5 ♕g3+ 44.♔f6 ♕h4+ y jaque perpetuo. Tras 43.♔g4 a4 tampoco había posibilidades reales de victoria.

Se podría decir que el castigo por dejar pasar dos oportunidades de oro (la oportunidad perdida anteriormente era similar), no fue muy grave; sin embargo, este medio punto perdido sí afectó a la clasificación final.

El campeón del XXIV Torneo de Linares - Morelia de 2007 fue Viswanathan Anand, seguido de Magnus Carlsen y Alexander Morozevich, el cuarto lugar fue para Levon Aronian.

½-½

Morozevich, A. - Aronian, L., XXIV Morelia/Linares (3), 19.02.2007.

3 puntos para 39.♕d8+! y **3 puntos** para 41.♔h4!!

Posición núm. 57

23.♘e5!

Con esta fuerte "desclavada" se evita la amenaza **23...♗xf3,** si bien a costa de entregar un peón tan importante como el de g2.

23...♗xg2

Consecuente con cualquier otra jugada la ♕a8 queda inútilmente alejada del centro, pero las negras quedarán perdidas.

De cualquier manera no es fácil encontrar una defensa satisfactoria, la dama en a8 es un grave defecto de la posición negra, y el ataque blanco necesita varias jugadas únicas, pero que son ganadoras.

24.♘xf7! ♗h3

Defiende e6 y amenaza mate, con lo que cae el ♘f7, éste pudo haber sido un cálculo de las negras, pero les aguarda una sorpresa.

A 24...♔xf7 seguía 25.♕xe6+ ♔e8 (a 25...♔g6 sigue 26.♗b1+) y, por ejemplo, 26.d5, el rey no puede sostenerse en el centro con tantas líneas abiertas, pronto quedarán con material de menos.

25.♘xh6+! ♔h8

A 25...gxh6 gana 26.♗xe6+ ♗xe6 27.♕xe6+ ♔g7 28.♗xh6+! ♔xh6 (tampoco defiende 28...♔g6 29.♗xf8 ♖xf8 30.♕xe7, etcétera) 29.♕xf6+ ♘g6 (o bien 29...♔h7 30.♘e4) 30.♖e6, etcétera.

En todas estas líneas notamos la ausencia de la dama negra, que no puede ayudar en la defensa.

26.♘f7+ ♔g8

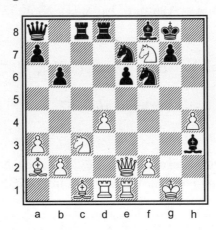

27.♘e4!

Otra vez es la única jugada que sirve para ganar.

27...♘xe4

O bien **27...♕xe4 28.♕xe4 ♘xe4 29.♘xd8,** etcétera.

28.♘xd8

Ahora las negras tienen la mano y varios "descubiertos" del ♘e4 que renuevan la amenaza de mate en g2, pero ninguna es efectiva.

28...♘c5

A **28...♘f6 gana 29.♗xe6+; 28...♘g5 se refuta con 29.d5! ♘xd5 y ahora, entre otras, 30.♖xd5.**

29.f3

Aprovechando que el ♘c5 está atacado, las blancas obtienen ventaja material decisiva.

29...♖xd8 30.dxc5 ♘d5 31.♗b1 ♕b8 32.♕h2 ♗xc5+ 33.♔h1

El campeón del II Torneo Iberoamericano, disputado entre Morelia y Linares en febrero y marzo de 2009, fue el peruano Julio Granda, quien, tras perder la primera partida, derrotó por 2½ a 1½ justamente al venezolano Eduardo Iturrizaga.

1-0

Bruzón, L. - Iturrizaga, E., II Torneo Iberoamericano, Linares (1), 28.02.2008.

3 puntos para **23.♘e5!, 2 puntos** para **24.♘xf7!** y **2 puntos** para **25.♘xh6+!**

Posición núm. 58

47.♔f3?

Esta lógica jugada deja escapar la victoria. Nada es más natural que ir "hacia arriba", pero...

Por razones tácticas, lo correcto era un camino más modesto 47.♔f1! y si por ejemplo **47...♘b5** sigue 48.♖b4 ♘c3 49.♔e1! y los peones negros caen.

También es posible intercalar 47.♖a7+ ♔h8 y ahora 48.♔f1! ♘b5 49.♖b7 ♘d4 50.♔e1, etcétera.

Menos clara es la jugada más propia de computadora 47.f5, en caso de 47...gxf5? sigue 48.♖a7+ ♔g6 49.♖g7+ ♔h5 50.h7, ganando.

Tras 47...♘xf5! las blancas pueden traer su rey con 48.♔f3, y hay menos peligros que en la partida con el caballo negro descolocado, pero tras la pérdida del peón de f4, también queda débil el de g5, y las negras pueden explotarlo tras, por ejemplo, 48...b2 49.♖a7+ ♔h8 50.♖b7 d2 51.♔e2 ♘g3+ y 52...♘e4, etcétera.

47...♘b5!!

Y el rey blanco no puede ayudar en la defensa por los varios jaques dobles que aparecen.

48.♖b4

No gana 48.♔e3 b2 49.♖b4 ♘c3!, o 49...♘a3 y tablas.

48...♘c3! 49.♖b7+ ♔g8 50.♖b8+ ♔h7 51.♔e3 b2! 52.♖b7+ ♔g8 53.♖b8+

A 53.♖xb2 sigue 53...♘d1+

53...♔h7

Este medio punto perdido fue el que le faltó a Magnus Carlsen para compartir el primer puesto del Torneo de Linares, disputado en el Teatro Cervantes, entre febrero y marzo de 2009, terminó con 7½ puntos sobre 14, a medio punto de Alexander Grischuk y Vassily Ivanchuk.

½-½

Carlsen, M. - Radjabov, T., XXVI Ciudad de Linares (13), 06.03.2009.

3 puntos para **47.♔f1!**
3 puntos para **47.♖a8+ y 48.♔f1**
3 puntos si usted rechazó **47.♔f3?** por **47...♘b5!!**

Posición núm. 59

19...♕e6?

No valía 19...♘xb6? porque pierde la dama tras 20.♘h6+

La única jugada que defendía era 19...♔h8!, que sale de los molestos jaques del ♘f5 y amenaza capturarlo; las negras logran resistir, veamos:

20.♘xa8? gxf5 deja a las blancas sin ataque y sin ni siquiera superioridad material.

Es mejor 20.f4, ahora a 20...♕e6? puede seguir 21.hxg6 fxg6 22.♕xg6, por lo que es preferible jugar la dama a un lugar más activo con 20...♕c5!

Las jugadas que siguen son prácticamente forzadas: 21.hxg6 (21.♘xa8? gxf5 sigue siendo malo) 21...fxg6 22.♕xg6 ♖g8 23.♕f7 ♕xb6 24.g5 (24.♗xd3 para traer rápidamente la ♖d1 al ataque se refuta con 24...♕d8! (no 24...exd3? por 25.♖xh7+! ♘xh7 26.♖h1, que obliga a 26...♕g1+ y el ataque sigue) 25.♗xe4 ♕f8 y la ventaja material negra empieza a pesar.), 24...♕f2, amenazando mate en c2 (más ambicioso y complicado, pero con similar resultado, es 24...♕c5), 25.♖d2.

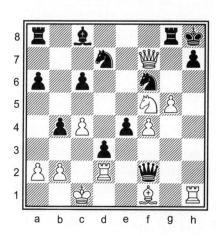

25...♕e1+! (no 25...♕xf4? 26.g6 ♖xg6 27.♕xg6 ♕xf1+ 28.♖d1 y la amenaza de mate en g7 no se puede defender satisfactoriamente, para evitar el mate es casi forzado devolver material, ¡y abrir líneas!, con 28...d2+ 29.♔xd2 e3+ 30.♔xe3! ♕f3+ 31.♔xf3 ♘e5+ 32.♔f2 ♘xg6 33.♖d8+ ♘g8 34.♘h6 ♗b7 35.♖hd1 y las blancas ganan material, por ejemplo: 35...♘6e7 36.♘xg8 ♘xg8 37.♖xa8 ♗xa8 38.♖d8 ♗b7 39.♖b8, etcétera), 26.♖d1 ♕f2, y tablas por repetición de jugadas.

20.♕h6!

Y no hay defensa.

20...gxf5

20...♘e8 recibe mate con 21.hxg6 ♘df6 22.gxh7+, etcétera.

21.gxf5 ♕xf5 22.♖g1+

Alexander Grischuk fue el vencedor de la Superfinal del 62º Campeonato Ruso, celebrado en Moscú en diciembre de 2009, el podio lo completaron Peter Svidler y Nikita Vitiugov. Alisa Galliamova se impuso en la prueba femenina.

1-0
Vitiugov, N. - Khismatullin, D., 62° Campeonato Ruso, Moscú (9), 29.12.2009.

3 puntos para 19...♔h8! y **2 puntos** por tener previsto 20...♕c5! a 20.f4

Posición núm. 60

37.♕b7?
Esta jugada permite a las negras salvar la partida de modo artístico.
Era ganador **37.a7! ♖xc6 38.dxc6 ♕a8 39.♖a3,** con idea de, tras los preparativos necesarios, jugar c7-c8, o b5-b6-b7, no hay buena defensa, por ejemplo: 39...♗b2 40.♖a5, controlando d5, 40...f5 41.c7 ♔f7, y ahora tranquilamente las blancas preparan un buen refugio para su rey antes de jugar c8=♕ con 42.♖e1, sin apresurarse con 42.c8=♕? ♕xc8 43.a8=♕ ♕c1+ 44.♔e2 ♕c2+ 45.♔e3 ♕c3+ 46.♔f2 ♕d2+ 47.♔g3 ♕g5+, que es tablas.
 37...♖c7! 38.♖a3
38.♕b5 tampoco gana a causa de la magnífica secuencia 38...♕c8! 39.♖b1 ♕f5! 40.♖c1 ♗h6!! 41.♖xc7 ♕b1+ 42.♔e2 ♕b2+ 43.♔f1 ♕a1+ 44.♔f2 ♕d4+ 45.♔g3 ♕e5+, y tablas.
 38...♗b2! 39.♖a2 ♖xb7 40.axb7 ♕c7!
40...♔g7 41.♖a8 ♕c7 lleva a lo mismo.
 41.♖a8+ ♔g7 42.b8♕ ♕c1+ 43.♔e2 ♕c2+ 44.♔e3 ♕c3+ 45.♔e2 ♕c4+ 46.♔f2 ♕c2+ 47.♔e3 ♕c3+ 48.♔e2 ♕c4+ 49.♔f2 ♕d4+ 50.♔e2 ♕c4+
 ½-½
Shukuraliev, A. - Li, Chao, 39a Olimpiada Khanty Mansiysk (1), 21.09.2010.

3 puntos para 37.a7! y **3 puntos** si rechazó **37.♕b7?** por **37...♖c7!**

Posición núm. 61

22.♖d3??

Desperdicia una excelente oportunidad, existe una espectacular jugada, que fue omitida por las blancas.

Con **22.♕e4!!** las blancas habrían sacado provecho de la debilitada octava línea negra; habría que jugar 22...♕b8 (no 22...♗xe4? 23.♖c8+ y mate; mientras que luego de 22...♗xh4 23.♕xb7 no hay defensa.) 23.♕xh7, con ventaja material y una posición muy favorable.

22...♗xh4 23.♘xh4 ♖xb5!

Con esta entrega de calidad la pieza blanca más activa desaparece, los peones blancos se desvalorizan, y las fuerzas negras se apoderan del tablero, logrando buena compensación, el ♘h4 será un espectador de la lucha.

24.axb5 ♘e5 25.f3?

Había que conservar la calidad.

A 25.♖dd1 puede seguir 25...d3, y también (tal vez esto fuera lo que más temieran las blancas), se podía jugar 25...♖g4, ganando el corcel, pues a 26.g3? gana 26...♕d5, pero curiosamente las blancas no salen muy mal paradas tras la pérdida del caballo, tras 26.f3! ♖xh4 27.♕f2 ♖h5 27.♕xd4 ♕xd4+ 28.♖xd4, y el final está aproximadamente equilibrado.

25...♘xd3 26.♕xd3 ♖g5!

Amenaza 27... ♖h5

27.♕xh7

Lo evita, pero ahora otro elemento empieza a pesar.

27...d3! 28.♖d1 ♕d4+ 29.♔h1 d2!

El peón paraliza a las blancas, y da ventaja ganadora a las negras, quienes la concretaron en un presumible apuro de tiempo mutuo.

30.h3 ♕xb2 31.♕d3 ♖d5 32.♕e2 ♗c8 33.b6 ♕c1 34.♔h2 ♔f8 35.g3 fxg3+ 36.♔xg3 ♗a6 37.♕xa6 ♕xd1 38.b7 ♕e1+ 39.♔g2 ♖g5+

0-1

Kazhgaleyev, M. - Zherebukh, Y., 26º Cappelle la Grande (7), 18.02.2010.

3 puntos para 22.♕e4!!

Posición núm. 62

33.♕g2?

Verdaderamente tentador, y al parecer definitivo, pero... siempre hay que ponerse en el lugar del adversario y preguntarse qué haría.

El rey blanco queda algo incómodo, lo que es explotado por las negras, que no sólo salvan la pieza, sino que ganan material decisivo, ¿rechazó esta jugada al ver cómo se castiga?

33.♕h4! ganaba el caballo; habrá un peón por la calidad, con ambos reyes expuestos, pero la ventaja, aunque pequeña, estaría de parte de las blancas.

33.♕f1?! es más tímida y menos fuerte, también gana el caballo, pero permite que las piezas negras queden mejor que contra 33.♕h4, podría seguir 33...♕e8 (o el orden 33...♗f6 34.♖1xd5 ♕e8) 34.♖7xd5 ♗f6 con compensación posicional por la calidad, además del peón.

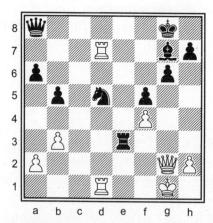

33...♗d4!!

Amenaza un descubierto mortal de torre.

34.♖xd4

Tampoco defiende **34.♕xd5+ ♕xd5 35.♖xd5 ♖e1+ 36.♔g2 ♖xd1 37.♔f3 ♖d3+ 38.♔e2 ♖e3+ 39.♔d2 ♖e4,** etcétera.

34...♖e1+ 35.♕f1

O bien 35.♔f2 ♖e2+ 36.♔xe2 ♘xf4+ 37.♖xf4 ♕xg2+ ganando; la dama y los peones negros se imponen con facilidad.

35...♘e3!

Y las blancas abandonaron ante 36.♖d8+ ♔g7 37.♖8d7+ ♔h6, etcétera.

0-1

Krasenkow, M. - Jobava, B., 11º Campeonato de Europa Absoluto, Rijeka (4), 09.03.2010.

3 puntos por elegir 33.♕h4!

1 punto por 33.♕f1,

3 puntos extra si usted rechazó **33.♕g2?** por **33...♗d4!**

Posición núm. 63

48...♖g6?

La torre cede su lugar a la dama, pero las blancas juegan ahora una maniobra muy fuerte.

La ♖a8 está fuera de juego, y las negras no pueden conseguir más con sus únicas dos piezas en juego, una forma de intentar contrajuego es 48...♖c4! preparando 49...♖ac8, con buenas posibilidades de defensa.

¿Cómo se castiga el error negro?

49.♕f3!!

Una preciosa jugada intermedia que obliga a colocar mal a la ♖a8

Si directamente 49.♕f5 sigue la idea del vietnamita: 49...♕g4!, no es de temer 50.♕xg4 ♖xg4 51.e7 por 51...♘f6 y ...♖e8

Y a 50.♕d5 puede replicarse con 50...♖d8! 51.♕xd8 ♕f3+, seguido de 52...♖xg3+ y tablas.

49...♖d8

Triste necesidad ahora el avance e7 será con "tempo".

50.♕f5!

Con la amenaza 51.h5.

También valía **50.e7 ♖d4 51.♕f5** ganando material, pero lo jugado es más sencillo.

50...♕g4

Ahora, con la torre negra en d8, el cambio ya no trae el alivio de antes, pero no había nada mejor.

No es suficiente 50...♘f6 51.h5 ♘xh5 52.♕xh5, pues el peón pasado decide con facilidad.

51.♕xg4! ♖xg4 52.e7 ♖a8 53.♖ed1

El ucraniano Ruslan Ponomariov, ex campeón del mundo en 2002, logró el triunfo más importante de su carrera, según sus propias palabras en la XXXVIII edición del Sparkassen Chess-Meeting, de categoría XX, celebrada en julio de 2010 en Dortmund, Alemania.

El otro gran triunfador fue un debutante, el jugador de menos Elo, el vietnamita de 19 años Quang Liem Le, quien sólo perdió esta partida, y ocupó el segundo lugar en solitario; Kramnik, que había ganado nueve veces en Dortmund, ese año sólo llegó al 50 por ciento.

1-0

Mamedyarov, S. - Le Quang Liem, Sparkassen Dortmund (3), 17.07.2010.

4 puntos para 48...♖c4!

Posición núm. 64

26...a5?

Aunque la posición esté cerrada, esta jugada debilita gravemente el flanco dama, donde está el monarca.

No era posible 26...♗xe5?, porque la estructura negra se desmorona tras 27.♖xd7 ♖xd7 28.♖xd7 ♘xd7 29.♕xf7, etcétera.

Lo más fuerte era sobreproteger a la ♖d7 con 26...♔c7!, aunque claro que es una difícil decisión práctica; se amenaza 27...♘xb3 y luego capturar en e5; no es de temer 27.♗c2 ♗xb2 28.♖xd7+ ♖xd7 29.♖xd7+ ♘xd7, y las negras capturarán el peón de e5, sin problemas.

27.♕c6!

Toca la ♖d7, aumenta la fuerza de la clavada en la columna d y toca "todo" **27...♘xb3**

A 27...a4 sigue 28.♗c2

28.axb3 ♖c7?!

Pierde precisamente porque aumenta el daño de la clavada, era necesario **28...♖d5** y si bien las blancas están mejor tras por ejemplo 29.f4 ♗xg1 30.♖xd5 ♖xd5 (no 30...exd5? por 31.♖xg1 ganando.) 31.♕e8+ ♔c7 32.♕xf7+ ♔d8, aún había lucha.

29.♕e4 ♖d5 30.♖xd4

En este torneo el Gran Maestro Miguel Illescas Córdoba se proclamó Campeón de España por octava vez.

1-0

Illescas, M. - Magem, J., Campeonato de España Absoluto, El Sauzal (8), 11.09.2010.

4 puntos para **26...♔c7!**

Puntuación máxima: 59 puntos

Más de 53 puntos: Súper GM
51 a 53 puntos: 2.500 de Elo
47 a 50 puntos: 2.400 de Elo
42 a 46 puntos: 2.300 de Elo
36 a 41 puntos: 2.200 de Elo
29 a 35 puntos: 2.100 de Elo
21 a 28 puntos: 2.000 de Elo
10 a 20 puntos: 1.900 de Elo

Esta edición se imprimió en junio de 2013,
en Grupo Impresor Mexicano, S.A. de C.V.
Av. Ferrocarril de Río Frío núm. 2,
Col. El Rodeo, C.P. 08500, México, D.F.